René Guénon

Escritos para

Regnabit

- Colección Póstuma -

René Guénon
(1886-1951)

Escritos para REGNABIT

- Colección Póstuma -

Título original: "*Écrits pour REGNABIT*"

Primera publicación en 1999 - Archè Edizioni

Publicado por
Omnia Veritas Ltd

www.omnia-veritas.com

CAPÍTULO I 7
El Sagrado Corazón y la leyenda del Santo Grial 7

CAPÍTULO II 17
El Crismón y el Corazón en las antiguas marcas corporativas 17

CAPÍTULO III 33
Acera de algunos símbolos hermético-religiosos 33

CAPÍTULO IV 42
El Verbo y el Símbolo 42

CAPÍTULO V 50
A propósito de los signos corporativos y de su sentido original 50

CAPÍTULO VI 59
Los Árboles del Paraíso 59

CAPÍTULO VII 67
El Corazón irradiante y el Corazón en llamas 67

CAPÍTULO VIII 78
La idea del Centro en las tradiciones antiguas 78

CAPÍTULO IX 91
La reforma de la mentalidad moderna 91

CAPÍTULO X 98
El *Omphalos*, símbolo del Centro 98

CAPÍTULO XI 109
El Corazón del Mundo en la Kábala hebrea 109

CAPÍTULO XII 119
La Tierra Santa y el Corazón del Mundo 119

CAPÍTULO XIII 129
Consideraciones sobre el simbolismo 129
I - Mitos y Símbolos *129*

CAPÍTULO XIV 137

CONSIDERACIONES SOBRE EL SIMBOLISMO 137
II - Simbolismo y filosofía *137*
CAPÍTULO XV 145
CORAZÓN Y CEREBRO 145
CAPÍTULO XVI 157
A PROPÓSITO DEL PEZ 157
CAPÍTULO XVII 165
EL EMBLEMA DEL SAGRADO CORAZÓN EN UNA SOCIEDAD SECRETA AMERICANA 165
CAPÍTULO XVIII 174
UNA FALSIFICACIÓN DEL CATOLICISMO 174
CAPÍTULO XIX 183
EL CENTRO DEL MUNDO EN LAS DOCTRINAS EXTREMO-ORIENTALES 183
LISTA CRONOLÓGICA DE LOS ARTÍCULOS DE RENÉ GUÉNON **194**
APARECIDOS EN *REGNABIT*, CON INDICACIÓN DE SU REUTILIZACIÓN 194
OTROS LIBROS DE RENÉ GUÉNON **199**

Capítulo I

EL SAGRADO CORAZÓN
Y LA LEYENDA DEL SANTO GRIAL

Publicado originalmente en Regnabit, agosto-septiembre de 1925. Este artículo ha sido reproducido en Aperçus sur l'ésotérisme chrétien, Les Éditions Traditionnelles, París, 1954, cap. IX, pero sin el addendum aparecido en diciembre de 1925. Reproducido también en Symboles de la Science Sacrée con el addendum incluido.

En uno de sus últimos artículos (*Regnabit*, junio de 1925)[1], L. Charbonneau-Lassay señala con mucha razón, como vinculada a lo que podría llamarse la "prehistoria del Corazón eucarístico de Jesús" la leyenda del Santo Grial, escrita en el siglo XII, pero muy anterior por sus orígenes puesto que es en realidad una adaptación cristiana de muy antiguas tradiciones célticas. La idea de esta vinculación ya se nos había ocurrido con motivo del articulo anterior, extremadamente interesante desde el punto de vista en que nos colocamos, intitulado "Le Coeur humain et la notion du Coeur de Dieu dans la religion de l'ancienne Égypte" (noviembre de 1924) (2), del cual recordaremos el siguiente pasaje: "En los jeroglíficos, escritura sagrada donde a menudo la imagen de la cosa representa la palabra misma que la designa, el corazón no fue, empero, figurado sino por

---

[1] Véase *Regnabit*, junio de 1925: "Iconographie ancienne du Coeur de Jésus" (Nota del Traductor).

un emblema: el *vaso*. El corazón del hombre, ¿no es, en efecto, el vaso en que su vida se elabora continuamente con su sangre?" Este vaso, tomado como símbolo del corazón y sustituto de éste en la ideografía egipcia, nos había hecho pensar inmediatamente en el Santo Grial, tanto más cuanto que en este último, aparte del sentido general del símbolo (considerado, por lo demás, a la vez en sus dos aspectos, divino y humano), vemos una relación especial y mucho más directa con el Corazón mismo de Cristo.

En efecto, el Santo Grial es la copa que contiene la preciosa Sangre de Cristo, y que la contiene inclusive dos veces, ya que sirvió primero para la Cena y después José de Arimatea recogió en él la sangre y el agua que manaban de la herida abierta por la lanza del centurión en el costado del Redentor. Esa copa sustituye, pues, en cierto modo, al Corazón de Cristo como receptáculo de su sangre, toma, por así decirlo, el lugar de aquél y se convierte en un como equivalente simbólico: ¿y no es más notable aún, en tales condiciones, que el vaso haya sido ya antiguamente un emblema del corazón? Por otra parte, la copa, en una u otra forma, desempeña, al igual que el corazón mismo, un papel muy importante en muchas tradiciones antiguas; y sin duda era así particularmente entre los celtas, puesto que de éstos procede lo que constituyó el fondo mismo o por lo menos la trama de la leyenda del Santo Grial. Es lamentable que no pueda apenas saberse con precisión cuál era la forma de esta tradición con anterioridad al Cristianismo, lo que, por lo demás, ocurre con todo lo que concierne a las doctrinas célticas, para las cuales la enseñanza oral fue siempre el único modo de transmisión utilizado; pero hay, por otra parte, concordancia suficiente para poder al menos estar seguros sobre el sentido de los principales símbolos que figuraban en ella, y esto es, en suma, lo más esencial.

Pero volvamos a la leyenda en la forma en que nos ha llegado; lo que dice sobre el origen mismo del Grial es muy digno de atención:

esa copa habría sido tallada por los ángeles en una esmeralda desprendida de la frente de Lucifer en el momento de su caída. Esta esmeralda recuerda de modo notable la *urnâ*, perla frontal que, en la iconografía hindú, ocupa a menudo el lugar del tercer ojo de *Shiva*, representando lo que puede llamarse el "sentido de la eternidad". Esta relación nos parece más adecuada que cualquier otra para esclarecer perfectamente el simbolismo del Grial; y hasta puede captarse en ello una vinculación más con el corazón, que, para la tradición hindú como para muchas otras, pero quizá todavía más claramente, es el centro del ser integral, y al cual, por consiguiente, ese "sentido de la eternidad" debe ser directamente vinculado.

Se dice luego que el Grial fue confiado a Adán en el Paraíso terrestre, pero que, a raíz de su caída, Adán lo perdió a su vez, pues no pudo llevarlo consigo cuando fue expulsado del Edén; y esto también se hace bien claro con el sentido que acabamos de indicar. El hombre, apartado de su centro original por su propia culpa, se encontraba en adelante encerrado en la esfera temporal; no podía ya recobrar el punto único desde el cual todas las cosas se contemplan bajo el aspecto de la eternidad. El Paraíso terrestre, en efecto, era verdaderamente el "Centro del Mundo" asimilado simbólicamente en todas partes al Corazón divino; ¿y no cabe decir que Adán, en tanto estuvo en el Edén, vivía verdaderamente en el Corazón de Dios?

Lo que sigue es más enigmático: Set logró entrar en el Paraíso terrestre y pudo así recuperar el precioso vaso; ahora bien: Set es una de las figuras del Redentor, tanto más cuanto que su nombre mismo expresa las ideas de fundamento y estabilidad, y anuncia de algún modo la restauración del orden primordial destruido por la caída del hombre. Había, pues, desde entonces, por lo menos una restauración parcial, en el sentido de que Set y los que después de él poseyeron el Grial podían por eso mismo establecer, en algún lugar de la tierra, un centro espiritual que era como una imagen del Paraíso perdido. La leyenda, por otra parte, no dice dónde ni por quién fue conservado el Grial hasta la época de Cristo, ni cómo se aseguró su transmisión; pero el origen céltico que se le reconoce debe probablemente dejar comprender que los Druidas tuvieron una parte de ello y deben contarse entre los conservadores regulares de la tradición primordial. En todo caso, la existencia de tal centro espiritual, o inclusive de varios, simultánea o sucesivamente, no parece poder ponerse en duda, como quiera haya de pensarse acerca de su localización; lo que debe notarse es que se adjudicó en todas partes y siempre a esos centros, entre otras designaciones, la de "Corazón del Mundo", y que, en todas las tradiciones, las descripciones referidas a él se basan en un simbolismo idéntico, que es posible seguir hasta en los más precisos detalles. ¿No muestra esto suficientemente que el Grial, o lo que está así representado, tenía ya, con anterioridad al Cristianismo, y aun a todo tiempo, un vínculo de los más estrechos con el Corazón divino y con el *Emmanuel*, queremos decir, con la manifestación, virtual o real según las edades, pero siempre presente, del Verbo eterno en el seno de la humanidad terrestre?

Después de la muerte de Cristo, el Santo Graal, según la leyenda, fue llevado a Gran Bretaña por José de Arimatea y Nicodemo; comienza entonces a desarrollarse la historia de los Caballeros de la Tabla Redonda y sus hazañas, que no es nuestra intención seguir aquí. La Tabla (o Mesa) Redonda estaba destinada a recibir al Grial cuando uno de sus caballeros lograra conquistarlo y transportarlo de Gran Bretaña a Armórica; y esa Tabla (o Mesa) es también un símbolo verosímilmente muy antiguo, uno de aquellos que fueron asociados a la idea de esos centros espirituales a que acabamos de aludir. La forma circular de la mesa está, además, vinculada con el "ciclo zodiacal" (otro símbolo que merecería estudiarse más especialmente) por la presencia en torno de ella de doce personajes principales, particularidad que se encuentra en la constitución de todos los centros de que se trata. Siendo así, ¿no puede verse en el número de los doce Apóstoles una señal, entre multitud de otras, de la perfecta conformidad del Cristianismo con la tradición primordial, a la cual el nombre de "precristianismo" convendría tan exactamente? Y, por otra parte, a propósito de la Tabla Redonda, hemos destacado una extraña concordancia en las revelaciones simbólicas hechas a Marie des Vallées (véase "Regnabit, noviembre de 1924)[2], donde se menciona "una mesa redonda de jaspe, que representa el Corazón de Nuestro Señor", a la vez que se habla de "un jardín que es el Santo Sacramento del altar" y que, con sus "cuatro fuentes de agua viva", se identifica misteriosamente con el Paraíso terrestre; ¿no hay aquí otra confirmación, harto sorprendente e inesperada, de las relaciones que señalábamos antes?

Naturalmente, estas notas demasiado rápidas no podrían pretender constituirse en un estudio completo acerca de cuestión tan poco conocida; debemos limitarnos por el momento a ofrecer simples indicaciones, y nos damos clara cuenta de que hay en ellas consideraciones que, al principio, son susceptibles de sorprender un tanto a quienes no están familiarizados con las tradiciones antiguas y sus modos habituales de expresión simbólica; pero nos reservamos el desarrollarlas y justificarlas con más amplitud posteriormente, en artículos en que pensamos poder encarar además muchos otros puntos no menos dignos de interés.

Entre tanto, mencionaremos aún, en lo que concierne a la leyenda del Santo Graal, una extraña complicación que hasta ahora no hemos tomado en cuenta: por una de esas asimilaciones verbales que a menudo desempeñan en el simbolismo un papel no desdeñable, y que por otra parte tienen quizá razones más profundas de lo que se imaginaría a primera vista, el Graal es a la vez un vaso (*grasale*) y un

---

[2] Cf. Charbonneau-Lassay, *Le Bestiaire du Christ*, cap. X, pág. 95 (*El Bestiario de Cristo*, Olañeta, Palma de Mallorca) (N. del T.).

libro (*gradale* o *graduale*). En ciertas versiones, ambos sentidos se encuentran incluso estrechamente vinculados, pues el libro viene a ser entonces una inscripción trazada por Cristo o por un ángel en la copa misma. No nos proponemos actualmente extraer de ello ninguna conclusión, bien que sea fácil establecer relaciones con el "Libro de Vida" y ciertos elementos del simbolismo apocalíptico.

Agreguemos también que la leyenda asocia al Graal otros objetos, especialmente una lanza, la cual, en la adaptación cristiana, no es sino la lanza del centurión Longino; pero lo más curioso es la preexistencia de esa lanza o de alguno de sus equivalentes como símbolo en cierto modo complementario de la copa en las tradiciones antiguas. Por otra parte, entre los griegos, se consideraba que la lanza de Aquiles curaba las heridas por ella causadas; la leyenda medieval atribuye precisamente la misma virtud a la lanza de la Pasión. Y esto nos recuerda otra similitud del mismo género: en el mito de Adonis (cuyo nombre, por lo demás, significa "el Señor"), cuando el héroe es mortalmente herido por el colmillo de un jabalí (colmillo que sustituye aquí a la lanza), su sangre, vertiéndose en tierra, da nacimiento a una flor; pues bien: L. Charbonneau ha señalado en *Regnabit* (enero de 1925), "una custodia del siglo XII, donde se ve la sangre de las llagas del Crucificado caer en gotitas que se transforman en rosas, y el vitral del siglo XIII de la catedral de Angers, donde la sangre divina, fluyendo en arroyuelos, se expande también en forma de rosas". Volveremos enseguida sobre el simbolismo floral, encarado en un aspecto algo diferente; pero, cualquiera sea la multiplicidad de sentidos que todos los símbolos presentan, todo ello se completa y armoniza perfectamente, y tal multiplicidad, lejos de ser un inconveniente o un defecto, es al contrario, para quien sabe comprenderla, una de las ventajas principales de un lenguaje mucho menos estrechamente limitado que el lenguaje ordinario.

Para terminar estas notas, indicaremos algunos símbolos que en diversas tradiciones sustituyen a veces al de la copa y que le son idénticos en el fondo: esto no es salirnos del tema, pues, el mismo Grial, como puede fácilmente advertirse por todo lo que acabamos de decir, no tiene en el origen otra significación que la que tiene en general el vaso sagrado donde quiera se lo encuentra, y en particular, en Oriente, la copa sacrificial que contiene el *soma* védico (o el *haoma* mazdeo), esa extraordinaria "prefiguración eucarística sobre 'la cual volveremos quizá en otra ocasión. Lo que el *soma* figura propiamente es el "elixir de inmortalidad" (el *amritâ* de los hindúes, la *ambrosía* de los griegos, palabras ambas etimológicamente semejantes), el cual confiere y restituye a quienes lo reciben con las disposiciones requeridas ese "sentido de la eternidad" de que hemos hablado anteriormente.

Uno de los símbolos a que queremos referirnos es el triángulo con el vértice hacia abajo; es como una suerte de representación esquemática de la copa sacrificial, y con tal valor se encuentra en ciertos *yantra* o símbolos geométricos de la India. Por otra parte, es particularmente notable desde nuestro punto de vista que la misma figura sea igualmente un símbolo del corazón, cuya forma reproduce simplificándola: el "triángulo del corazón" es expresión corriente en las tradiciones orientales. Esto nos conduce a una observación tampoco desprovista de interés: que la figuración del corazón inscrito en un triángulo así dispuesto, no tiene en sí nada de ilegítimo, ya se trate del corazón humano o del Corazón divino, y que, inclusive, resulta harto significativa cuando se la refiere a los emblemas utilizados por cierto hermetismo cristiano medieval, cuyas intenciones fueron siempre plenamente ortodoxas. Si a veces se ha querido, en los tiempos modernos, atribuir a tal representación un sentido blasfemo (véase *Regnabit*, agosto-septiembre de 1924), es porque, conscientemente o no, se ha alterado la significación primera de los símbolos hasta invertir su valor normal; se trata de un fenómeno del cual podrían citarse muchos ejemplos y que por lo demás encuentra su explicación en el hecho de que ciertos símbolos son efectivamente susceptibles de doble interpretación, y tienen como dos faces opuestas. La serpiente, por ejemplo, y también el león, ¿no significan a la vez, según los casos, Cristo y Satán? No podemos entrar a exponer aquí, a ese respecto, una teoría general, que nos llevaría demasiado lejos; pero se comprenderá que hay en ello algo que hace muy delicado al manejo de los símbolos y también que este punto requiere especialísima atención cuando se trata de descubrir el sentido real de ciertos emblemas y traducirlo correctamente.

Otro símbolo que con frecuencia equivale al de la copa es un símbolo floral: la flor, en efecto, ¿no evoca por su forma la idea de un "receptáculo", y no se habla del "cáliz" de una flor? En Oriente, la flor simbólica por excelencia es el loto; en Occidente, la rosa desempeña lo más a menudo ese mismo papel. Por supuesto, no queremos decir que sea ésa la única significación de esta última, ni tampoco la del loto, puesto que, al contrario, nosotros mismos habíamos antes indicado otra; pero nos inclinaríamos a verla en el diseño bordado sobre ese canon de altar de la abadía de Fontevrault (*Regnabit*, enero de 1925, figura página 106), donde la rosa está situada al pie de una lanza a lo largo de la cual llueven gotas de sangre. Esta rosa aparece allí asociada a la lanza exactamente como la copa lo está en otras partes, y parece en efecto recoger las gotas de sangre más bien que provenir de la transformación de una de ellas; pero, por lo demás, las dos significaciones se complementan más bien que se oponen, pues esas gotas, al caer sobre la rosa, la vivifican y la hacen abrir. Es la "rosa celeste", según la figura tan frecuentemente empleada en relación con la idea de la Redención, o con las ideas conexas de regeneración y, de resurrección; pero esto exigiría aún largas explicaciones, aun cuando nos limitáramos a destacar la concordancia de las diversas tradiciones con respecto a este otro símbolo.

Por otra parte, ya que se ha hablado de la Rosa-Cruz con motivo del sello de Lutero (enero de 1925)³, diremos que este emblema hermético fue al comienzo específicamente cristiano, cualesquiera fueren las falsas interpretaciones más o menos "naturalistas" que le han sido dadas desde el siglo XVIII; y ¿no es notable que en ella la rosa ocupe, en el centro de la cruz, el lugar mismo del Sagrado Corazón? Aparte de las representaciones en que las cinco llagas del Crucificado se figuran por otras tantas rosas, la rosa central, cuando está sola, puede muy bien identificarse con el Corazón mismo, con el vaso que contiene la sangre, que es el centro de la vida y también el centro del ser total.

Hay aún por lo menos otro equivalente simbólico de la copa: la media luna; pero ésta, para ser explicada convenientemente, exigiría desarrollos que estarían enteramente fuera del tema del presente estudio; no lo mencionamos, pues, sino para no descuidar enteramente ningún aspecto de la cuestión.

De todas las relaciones que acabamos de señalar, extraeremos ya una consecuencia que esperamos poder hacer aún más manifiesta ulteriormente: cuando por todas partes se encuentran tales concordancias, ¿no es ello algo más que un simple indicio de la existencia de una tradición primordial? Y ¿cómo explicar que, con la mayor frecuencia, aquellos mismos que se creen obligados a admitir en principio esa tradición primordial no piensen más en ella y razonen de hecho exactamente como si no hubiera jamás existido, o por lo menos como si nada se hubiese conservado en el curso de los siglos? Si se detiene uno a reflexionar sobre lo que hay de anormal en tal actitud, estará quizá menos dispuesto a asombrarse de ciertas consideraciones que, en verdad, no parecen extrañas sino en virtud de los hábitos mentales propios de nuestra época. Por otra parte, basta

---

³ *Regnabit*, enero de 1925, artículo de Charbonneau-Lassay, "A propos de la rose emblématique de Martin Luther" (N. del T.).

indagar un poco, a condición de hacerlo sin prejuicio, para descubrir por todas partes las marcas de esa unidad doctrinal esencial, la conciencia de la cual ha podido a veces oscurecerse en la humanidad, pero que nunca ha desaparecido enteramente; y, a medida que se avanza en esa investigación, los puntos de comparación se multiplican corno de por sí, y a cada instante aparecen más pruebas; por cierto, el *Quaerite et invenietis* del Evangelio no es palabra vana.

Capítulo II

EL CRISMÓN Y EL CORAZÓN

EN LAS ANTIGUAS MARCAS CORPORATIVAS

Publicado originalmente en Regnabit, noviembre de 1925. Retomado en "Etudes Traditionnelles", enero-febrero de 1951. Recopilado posteriormente también en Etudes sur la Franc-Maçonnerie II.

En un artículo, de un carácter por lo demás puramente documental, dedicado al estudio de "Blasones con motivos astrológicos y talismánicos" y publicado en la *Revue de l'Histoire des Réligions* (julio-octubre 1924), W. Deonna, de Ginebra, al comparar los signos que aparecen en estos blasones con otros símbolos más o menos similares, se refiere más ampliamente al "*quatre de chiffre*" que fue "común en los siglos XVI y XVII[4], como marca de familia y de casa para los particulares, quienes lo incluían en sus lápidas sobre sus blasones". Él señala que este signo "se presta a todo tipo de combinaciones, con la cruz, el globo, el corazón, asociado a monogramas de propietarios, se complica con barras asociadas", y reproduce unos cuantos ejemplos. Nosotros pensamos que dicho signo fue esencialmente una "marca de maestría", común a muchas

---

[4] El mismo signo ha sido muy usado en el siglo XV al menos en Francia, y especialmente en las marcas de impresores. Hemos recogido los siguientes ejemplos: Wolf (Georges), impresor-librero de París, 1489; Syber (Jean), impresor de Lyon, 1478; Remboldt (Bertholde), impresor de Paris, 1489.

corporaciones diferentes, con las cuales los particulares y las familias que se sirvieron de este signo estaban sin duda unidas por algunos vínculos frecuentemente hereditarios.

Deonna habla a continuación, bastante someramente, del origen y del significado de esta marca: "Jusselin, dice él, la deriva del monograma constantiniano, ya interpretado libremente y deformado en los documentos merovingios y carolingios[5], pero esta hipótesis aparece como totalmente arbitraria, y ninguna analogía la sostiene".

No compartimos tal opinión, e incluso consideramos que tal asimilación debe ser por el contrario muy natural, pues, por nuestra parte, la habíamos hecho siempre sin tener conocimiento de los trabajos específicos que podían existir sobre el asunto, e incluso no habríamos creído que pudiera ser contestada, de evidente que nos parecía. Pero sigamos y veamos cuales son las otras explicaciones propuestas: "¿Será quizá el 4 de las cifras árabes, sustitutas de las cifras romanas en los manuscritos europeos anteriores al siglo XI?... ¿Hay que suponer que representa el valor místico de la cifra 4, que se remonta a la Antigüedad y que los modernos han conservado?". Deonna no rechaza esta interpretación pero prefiere otra: él supone "que se trata de un signo astrológico", el de Júpiter.

A decir verdad, esas diversas hipótesis no son necesariamente excluyentes unas de otras: puede muy bien haber habido, tanto en este caso como en muchos otros, superposición e incluso fusión de varios símbolos en uno sólo, de muchos símbolos, al cual aparecen vinculados, por ello mismo, múltiples significados; no hay nada ahí que deba sorprender, pues como antes dijimos esta multiplicidad de sentidos es como inherente al simbolismo, del que constituye asimismo una de sus mayores ventajas como medio de expresión.

---

[5] "Origine de monogramme des tapissiers" en el "Bulletin monumental" 1922, págs. 433-435.

Ahora bien, es necesario, naturalmente, el llegar a reconocer el sentido primero y principal del símbolo; y en este caso persistimos en considerar que dicho sentido viene dado por la identificación con el Monograma de Cristo, mientras que los demás le están asociados secundariamente.

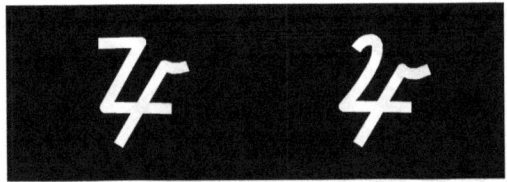

Fig. 1

Es cierto que el signo astrológico de Júpiter, cuyas dos formas principales (fig. 1), presentan en su aspecto general un parecido con la cifra 4 (fig. 2); y también es cierto que su uso está relacionado con la idea de "maestría", sobre lo que volveremos más adelante. Sin embargo, para nosotros, este elemento, en el simbolismo de la marca en cuestión, podría solamente ubicarse en tercer lugar. Destaquemos por lo demás que el origen mismo del signo de Júpiter es muy incierto, pues unos quieren ver en él la representación del rayo, mientras otros es simplemente la inicial del nombre de Zeus.

Fig. 2

Por otra parte, nos parece innegable que lo que Deonna denomina el "valor místico" del número 4 ha desempeñado también aquí un papel, e incluso un papel más importante, pues nosotros le asignaríamos el segundo lugar en este complejo simbolismo. Puede destacarse, a este respecto, que la cifra 4, en todas las marcas donde figura, tiene una forma que es exactamente la de una cruz cuyas dos extremidades están unidas por una línea oblicua; ahora bien, la cruz era en la Antigüedad, y especialmente entre los Pitagóricos, el símbolo del cuaternario (o más exactamente uno de los símbolos, pues había otro que era el cuadrado), y, además, la asociación de la cruz con el Crismón ha debido establecerse de la manera más natural.

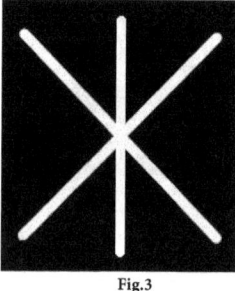 

Fig. 3 Fig. 4

Por consiguiente, esta observación nos lleva de nuevo al Crismón; y, primero, debemos decir que conviene hacer una distinción entre el Crismón constantiniano propiamente dicho, el signo del Lábaro, y lo que se llama el Crismón simple. Este (fig. 3), nos aparece como el símbolo fundamental del que otros muchos derivaron más o menos directamente. Se le considera formado por la unión de las letras I y X, es decir de las iniciales griegas de las dos palabras *Iesous Christós* y es éste uno de los sentidos que tuvo desde los primeros tiempos del Cristianismo; pero este símbolo, en sí mismo, es muy antiguo, y es uno de aquellos que están difundidos por doquier y en todas las épocas. Este es un ejemplo de la adaptación cristiana de los signos y de las narraciones simbólicas precristianas como ya hemos señalado respecto a la leyenda del Santo Grial; y tal adaptación debe considerarse, no sólo como legítima sino en cierto modo como necesaria, para quienes como nosotros ven en esos símbolos unos vestigios de la tradición primordial. La leyenda del Grial es de origen celta; por una coincidencia digna de ser destacada, el símbolo del que hablamos se encuentra también entre los Celtas, entre los cuales constituye un elemento esencial de la "rodela" (fig. 4). Por lo demás, la rodela se perpetuó a través de toda la Edad Media, y no es inverosímil admitir que se pueda vincular con ella incluso el rosetón de las catedrales[6]. Existe, en efecto, una conexión segura entre la figura de la rueda y los símbolos florales de significados múltiples, tales como la rosa y el loto, a los cuales hemos aludido en precedentes artículos; pero esto nos llevaría demasiado lejos de nuestro tema. En cuanto al significado general de la rueda, en la que los modernos en general quieren ver un símbolo exclusivamente "solar", de acuerdo a la explicación de la que usan y abusan en toda circunstancia, diremos solamente, sin poder insistir todo lo que haría falta, que en realidad es por el contrario y antes que nada un símbolo del Mundo, como se puede determinar particularmente por el estudio de la iconografía hindú. Para ceñirnos a la "rodela" céltica (fig. 5)[7], señalaremos todavía que muy probablemente hay que atribuir igual origen y significado al emblema que figura en el ángulo superior de la bandera británica (fig. 6), que no difiere en suma más que por estar inscrito en un rectángulo en vez de en una circunferencia, y en el cual algunos ingleses quieren ver el signo de la supremacía marítima de su patria[8].

---

[6] En un artículo precedente, Deonna reconocía por su cuenta propia la existencia de una relación entre la "rodela" y el Monograma de Cristo ("Quelques reflexions sur le Symbolisme, en particulier dans l'art préhistorique", en la "Revue de l'Histoire des Religions", enero-abril 1924); por tanto, nos sorprende más verle negar a continuación la relación, sin embargo más visible, entre el Crismón y el "cuatro de cifra". (N. d. T.: El significado es también evidente en la iconografía de los discos de la tradición de los mapuches, donde la rueda y su cruz simbolizan el mundo)

[7] Hay dos tipos de "rodela", uno de seis radios (fig.4) y otro de ocho (fig. 5), y cada uno de los números tiene naturalmente su razón de ser y su significado. El Crismón corresponde al primer tipo; en cuanto al segundo es interesante notar la similitud sorprendente que tiene con el loto hindú de ocho pétalos.

[8] La forma misma de la "rodela" se encuentra de nuevo más claramente aún cuando el mismo emblema está trazado sobre el escudo que lleva la figura alegórica de Albión.

Fig. 5   Fig. 6

Formulemos ahora una observación sumamente importante respecto del simbolismo heráldico: la forma del Crismón simple es una especie de esquema general según el cual se dispusieron en el blasón las figuras más diversas. Obsérvese por ejemplo un águila o cualquier otra ave heráldica, y no será difícil descubrir la citada disposición (la cabeza, la cola, las extremidades de las alas y de las patas corresponden a las seis puntas de la fig. 3); obsérvese luego el emblema de la flor de lis, y nuevamente podrá comprobarse lo mismo. Poco importa por lo demás cuál es el origen real del emblema de la flor de lis, que ha dado lugar a tan variadas hipótesis: que sea verdaderamente una flor, lo que nos llevaría de nuevo a los símbolos florales recordados anteriormente (el lirio natural tiene efectivamente seis pétalos), o que en cambio se haya tratado primitivamente de la punta de una lanza, o de un ave, o de una abeja, o del antiguo símbolo caldeo de la realeza (jeroglífico *sâr*), o incluso de un sapo[9], o aún como es mucho más probable que resulte de la síntesis de varias de estas figuras siempre permanece estrictamente conforme con el esquema del que hablamos.

---

[9] Por más extraño que resulte, esta opinión ha debido ser admitido muy antiguamente, porque en las tapicerías del siglo XV de la Catedral de Reims, el estandarte de Clodoveo tiene tres sapos. Es muy posible además que primitivamente este sapo fuera en realidad una rana, antiguo símbolo de resurrección.

Fig. 7   Fig. 8   Fig. 9

Una de las razones de esta particularidad hay que encontrarla en la importancia de las significaciones vinculadas con el número seis, ya que la figura que estamos considerando no es, en el fondo, sino uno de los símbolos geométricos que corresponden a dicho número. Si unimos sus extremidades de dos en dos (fig. 7), se obtiene otro símbolo senario muy conocido, el doble triángulo (fig. 8), conocido más comúnmente por el nombre de "sello de Salomón"[10]. Es una figura usada muy frecuentemente entre los Judíos y entre los Árabes, pero es también un emblema cristiano; fue incluso, como nos ha señalado L. Charbonneau-Lassay, uno de los antiguos símbolos de Cristo, como lo fue también otra figura equivalente, la estrella de seis puntas (fig. 9), que no es en suma más que una variante, y como lo es también, por supuesto, el Crismón mismo, lo que es una razón más para establecer entre todos estos signos un estrecho vínculo. El hermetismo cristiano del Medioevo veía en los dos triángulos opuestos y entrelazados, donde uno es como reflejo o la imagen invertida del otro, una representación de la unión de las dos naturalezas, divina y humana, en la persona de Cristo; y el número seis incluye entre sus significados los de unión y de mediación, que convienen perfectamente al Verbo encarnado. Por otra parte, el mismo número seis, según la Kábala hebrea, es el número de la creación (la obra de los seis días), y, bajo este aspecto, atribuir el

---

[10] A veces esta figura se la llama también "escudo de David" o también "escudo de Miguel", esta última designación podría llevar a consideraciones muy interesantes.

símbolo al Verbo no deja de tener justificación, pues es como una especie de traducción gráfica del *"per quem omnia facta sunt"* del Credo[11].

Ahora bien lo que es especialmente interesante desde el punto de vista donde nos situamos en este estudio, es que el doble triángulo fue escogido en el siglo XVI, y posiblemente antes aún, como emblema y como contraseña de ciertas corporaciones. Igualmente, sobre todo en Alemania, se convirtió en la divisa habitual de las tabernas o cervecerías donde dichas corporaciones mantenían sus reuniones[12]. Era en cierto modo una marca general común, en tanto que las figuras más o menos complejas en las que se encontraba el "cuatro de cifra" eran marcas personales, particulares de cada maestro; y ¿no es lógico suponer que entre estas últimas y la anterior, debió de haber cierto parentesco, el mismo parentesco existente entre el Crismón y el doble triángulo cuya realidad acabamos de demostrar?

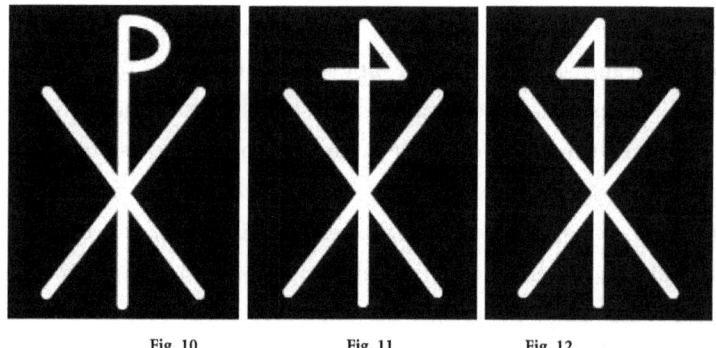

Fig. 10   Fig. 11   Fig. 12

---

[11] (N. del T. = "por quien fueron hechas todas las cosas"). En China seis trazos dispuestos de otra forma son también símbolo del Verbo; asimismo representan el término medio de la Gran Tríada, es decir el Mediador entre el Cielo y la Tierra, el que reúne en sí mismos las dos naturalezas, celeste y terrestre.

[12] A este propósito señalemos de paso un hecho curioso y muy poco conocido: la leyenda de Fausto, proveniente más o menos de la misma época, era parte constitutiva del ritual de iniciación de los impresores.

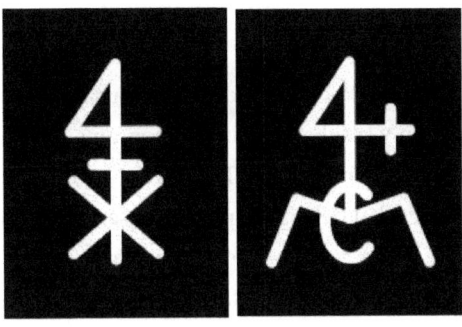

Fig. 13   Fig. 14

El Crismón constantiniano (fig. 10), que se compone de dos letras griegas reunidas, la X y la P, las dos primeras de "*Christos*", parece a primera vista como derivado inmediatamente del Crismón simple, del que conserva exactamente la disposición fundamental, y del cual no se distingue más que por el agregado de un lazo, en la parte superior, que transforma la I en P. Ahora bien, si se considera al "cuatro de cifra" en sus formas más simples y corrientes, la similitud, podríamos inclusive decir la identidad, con el Crismón constantiniano es innegable; y es especialmente sorprendente cuando la cifra 4, o el signo que imita su forma y que al mismo tiempo puede ser una deformación de la P, está vuelta hacia la derecha (fig. 11), en lugar de estarlo hacia la izquierda (fig. 12), pues se encuentran ejemplos indistintamente de las dos orientaciones[13]. Además aparece aquí un segundo elemento simbólico que no estaba en el Crismón constantiniano: nos referimos a un signo en forma de cruz que se introduce muy naturalmente por la transformación de la P en 4. Frecuentemente, este signo está como subrayado por el agregado de una línea suplementaria, sea horizontal (fig 13) sea vertical (fig. 14), que constituye como una especie de

---

[13] La fig. 12 reproducida por Deonna incluye la siguiente mención: "Marca de Zacarias Palthenio, impresor, Francfurt, 1599".

duplicación de la cruz[14].

Se observará que en la segunda de estas figuras, falta toda la parte inferior del Crismón y la substituye un monograma personal, así como diversos símbolos en otros casos. Tal vez de aquí surgieron ciertas dudas sobre la identidad del signo que se conserva constantemente el mismo bajo todos estos cambios: pero pensamos que las marcas que contienen el Crismón completo son las que representan la forma primitiva, en tanto que las otras son modificaciones posteriores las cuales tuvieron como consecuencia que la parte conservada fuera tomada por el todo, probablemente sin perder de vista jamás el sentido.

Sin embargo nos parece que en ciertos casos el elemento de cruz del símbolo llegó a ocupar el primer plano; al menos así nos parece desprenderse de la asociación del "cuatro de cifra" con determinados signos, y este es el punto que nos queda por examinar.

Fig. 15

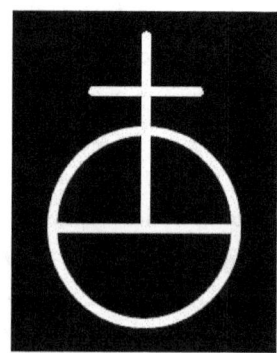
Fig. 16

Entre los signos en cuestión hay uno que figura en la marca de una tapicería del siglo XVI que se conserva en el museo de Chartres y cuya

---

[14] Fig.13: "Marca de fecha 1540, Ginebra; atribuida a Jacques Bernard, primer pastor 'reformado' de Satigny". Fig.14: "Marca del impresor Carolus Marellus, Paris, 1631".

naturaleza no presenta duda alguna: se trata evidentemente, en una forma apenas modificada, del "globo del Mundo" (fig. 16), símbolo constituido por el signo hermético del reino mineral coronado por una cruz; aquí el "cuatro de cifra" pura y simplemente ha tomado el lugar de la cruz[15].

Tal "globo del Mundo" es esencialmente un signo de potencia, y al mismo tiempo signo del poder temporal y del poder espiritual, ya que si bien es verdad que es una de las insignias de la dignidad imperial, también se la encuentra constantemente en la mano de Cristo, y no sólo en aquellas representaciones que evocan más particularmente la Majestad divina, como las del Juicio final, sino incluso en las representaciones del Cristo niño. Así, cuando este signo substituye al Crismón, (y aquí hay que recordar el vínculo que originariamente une a dicho signo con la "rodela", otro símbolo del Mundo), puede decirse que en suma es inclusive un atributo de Cristo que ha substituido a otro; igualmente la idea de "maestría" está ligada directamente a este nuevo atributo, como en el caso del signo de Júpiter, en el cual nos puede hacer pensar especialmente la parte superior del símbolo, pero sin que por ello pierda su valor de cruz, respecto de lo cual no queda la menor duda cuando se comparan las dos figuras.

---

[15] Hemos visto igualmente el signo del "globo del Mundo" en numerosas marcas de comienzos del siglo XVI.

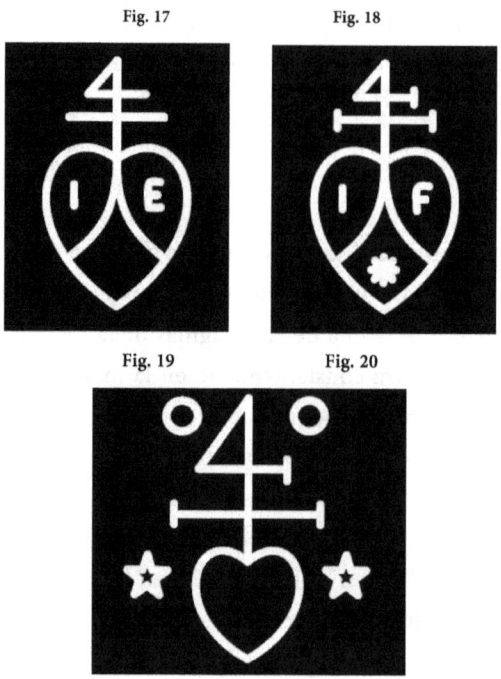

Fig. 17   Fig. 18

Fig. 19   Fig. 20

Fig. 21

Llegamos así hasta un grupo de marcas que son el motivo directo de este estudio: la diferencia esencialmente estas marcas y aquellas de que hablábamos en último término es la substitución del globo por un corazón. Curiosamente ambos tipos de símbolos están estrechamente ligados entre sí, (figuras 17 y 18), pues en algunos el corazón está dividido por líneas que siguen exactamente la misma pauta que caracteriza al "globo del Mundo"[16], lo cual ¿no está indicando una como equivalencia, por lo menos en cierto aspecto, y no sería ya suficiente como para sugerir que se trata del "Corazón del Mundo"? En otros ejemplos, las líneas rectas trazadas en el interior del corazón están substituidas por líneas curvas que parecen dibujar las aurículas

---

[16] Fig. 17: "Marca de tapicería del siglo XVI, Museo de Chartres". Fig.18: "Marca de Maestro Samuel de Tournes, en vaso de peltre de Pierre Rayaume, Ginebra, 1609".

del mismo y donde están inscritas las iniciales (figuras 19 y 20); pero dichas marcas parecen más recientes que las anteriores[17], de modo que con toda verosimilitud se trata de una modificación bastante tardía, y posiblemente destinada simplemente a dotar la figura con un aspecto más o menos geométrico y ornamental.

Finalmente hay variantes más complejas en las que el símbolo principal está acompañado de signos secundarios, los cuales manifiestamente no cambian en nada su significado e incluso en la que reproducimos (fig. 21), nos permite pensar que las estrellas no están sino para destacar más decididamente el carácter celeste que hay que reconocerle[18]. Con esto queremos decir que en nuestra opinión, en todas estas figuras debe verse el Corazón de Cristo, y que no es posible ver otra cosa, puesto que tal corazón está coronado por una cruz, e incluso, en lo que respecta a todas las que tenemos a la vista, por una cruz duplicada con el agregado de una línea horizontal a la cifra 4.

Fig. 22   Fig. 23

Abramos ahora un paréntesis para señalar otra curiosa aproximación: esquematizando estas figuras se obtiene un símbolo hermético conocido (figura 22), que no es sino la posición invertida del símbolo del azufre alquímico (fig. 23). Reencontramos así el

---

[17] Fig. 19: "Marca de Jacques Eynard, mercader genovés, sobre un vitral del siglo XVII". Fig. 20: "Marca de Maestría, sobre un plato de estaño de Jacques Morel, Ginebra, 1719".

[18] Fig. 21: "Marca de Maestría sobre un plato de estaño de Pierre Royaume, Ginebra, 1-09".

triángulo invertido cuya equivalencia con el corazón y la copa ya hemos indicado en nuestro precedente artículo. Aislado, este triángulo sólo es el signo alquímico del agua, mientras que el triángulo con el vértice hacia arriba, lo es del fuego. Ahora bien, entre los diversos significados constantes del agua, en las más antiguas tradiciones, hay uno que es más particularmente interesante destacar aquí: se trata del símbolo de la Gracia, y de la regeneración que provoca en el ser que la recibe. Recordemos el agua bautismal, las cuatro fuentes de agua viva del Paraíso terrenal, así como el agua vertida por el Corazón de Cristo, manantial inagotable de la Gracia. Finalmente y como refuerzo de la explicación, el símbolo invertido del azufre significa el descenso de las influencias espirituales en el "mundo de aquí abajo", vale decir, en el mundo terrestre y humano; en otras palabras, se trata del "rocío celeste" del cual ya hemos hablado[19]. Estos son los símbolos herméticos antes aludidos, y se convendrá que su verdadero significado ¡está muy alejado de aquellas interpretaciones falsificadas que pretenden asignarle ciertas sectas contemporáneas!

Fig. 24

Fig. 25

---

[19] La figura 24, que es el mismo símbolo hermético, acompañado de iniciales, proviene de una losa funeraria de Ginebra (colecciones lapidarias, n° 573). La fig. 25, que es una modificación suya, es mencionada en estos términos por M. Deonna: "Clave de bóveda de una casa en Molard, Ginebra, demolida en 1889, marca de Jean de Villard, con la fecha 1576".

Dicho esto, retornemos a nuestras marcas corporativas para formular en pocas palabras las conclusiones que nos parecen desprenderse de lo que venimos de exponer.

En primer lugar, creemos haber establecido de manera suficiente que el Crismón es el tipo fundamental del que derivan todas estas marcas, y de donde, en consecuencia, extraen su principal significado. En segundo lugar, cuando en ciertas marcas se ve al Corazón tomar el lugar del Crismón y de otros símbolos que, de manera inequívoca, se refieren directamente a Cristo, ¿no se tendría acaso el derecho de afirmar decididamente que dicho corazón es efectivamente el Corazón de Cristo? Agreguemos que, como ya fue señalado, el hecho de que el corazón esté coronado por una cruz, o por un signo seguramente equivalente, o también y mejor aún por uno y otro juntos, apoya lo dicho de la mejor manera posible, ya que en cualquier otra hipótesis no vemos cómo podría ofrecerse una explicación plausible.

Finalmente la idea de inscribir el propio nombre, con iniciales o en monograma, en el mismo Corazón de Cristo, ¿no es acaso muy propio de la piedad de nuestros ancestros?[20].

Con esta última reflexión, damos por terminado este estudio contentándonos por esta vez con haber aportado, con datos precisos sobre algunos puntos interesantes del simbolismo religioso en general, a la antigua iconografía del Sagrado Corazón una contribución que nos viene de una fuente un poco imprevista, y auspiciando solamente que entre nuestros lectores haya alguno que pueda completarlos con aportes documentales del mismo tipo, pues pensamos que puedan

---

[20] Es de destacar que la mayor parte de las marcas que hemos reproducido, estando tomadas de la documentación de Deonna, son de procedencia ginebrina y han debido de pertenecer; pero no ha lugar quizás a sorprenderse demasiado, si se piensa además que el capellán de Cromwell, Thomas Goodwin, dedicó un libro a la devoción al Corazón de Jesús. Hay que felicitarse, pensamos, de ver a los protestantes mismos aportar así su testimonio a favor del culto del Sagrado Corazón.

ciertamente existir en número considerable aquí y allá, y bastaría con reunirlos para formar un conjunto de testimonios verdaderamente impresionante[21].

---

[21] Sería particularmente interesante el investigar si el corazón se encuentra a veces en las marcas de maestros constructores y tallistas de piedra, surgidas en la catedral de San Pedro de Ginebra, entre las cuales se encuentran triángulos invertidos; algunas acompañadas por una cruz emplazada debajo o en el interior; no es por tanto improbable que el corazón haya también figurado entre los emblemas usados en esta corporación.

Capítulo III

Acera de algunos símbolos hermético-religiosos

Publicado en Regnabit, diciembre de 1925. No retomado en otras recopilaciones aparte de ésta.

Hemos pensado que no carecería de interés el dar algunas explicaciones complementarias sobre ciertos símbolos de los que ya se ha tratado precedentemente en esta Revista. Estas explicaciones, es cierto, no se relacionan directamente con el Sagrado-Corazón, pero, puesto que hay lectores que han demandado estudios sobre el simbolismo en general (véase julio de 1925, p. 169), queremos creer que no estarán totalmente fuera de lugar aquí.

Uno de los símbolos a los cuales hacemos alusión es el *Janus bifrons* que ha sido reproducido por L. Charbonneau-Lassay a continuación de su artículo sobre los cuadrantes solares (mayo de 1925, p. 484). La interpretación más habitual es la que considera los dos rostros de Jano como representando respectivamente el pasado y el porvenir: está interpretación es por lo demás perfectamente exacta, pero no corresponde más que a uno de los aspectos del simbolismo muy complejo de Jano. Desde este punto de vista, por lo demás, hay ya una observación muy importante que hacer: entre el pasado que ya no existe y el porvenir que aún no está, el verdadero rostro de Jano, aquel que mira el presente, no es, se dice, ni uno ni otro de los que pueden verse. Este tercer rostro, es, en efecto, invisible, porque el presente, en la manifestación temporal, no es sino un instante inaprehensible[22]; pero, cuando nos elevamos por encima de las condiciones de esta manifestación transitoria y contingente, el presente contiene, por el contrario, toda la realidad. El tercer ojo de Jano corresponde, en otro simbolismo, al ojo frontal de Shiva, invisible también, puesto que no es representado por ningún órgano corporal, y del cual hemos tenido ocasión de hablar a propósito del Santo Grial (agosto-septiembre de 1925, p. 187), como figurando el "sentido de la eternidad". Según la tradición hindú, una mirada de este tercer ojo reduce todo a cenizas, es decir, destruye toda manifestación, pero, cuando la sucesión es transmutada en simultaneidad, lo temporal en intemporal, todas las cosas permanecen en el "eterno presente", de suerte que la destrucción aparente no es verdaderamente más que una "transformación". Es fácil comprender por estas consideraciones el que Jano pueda tomarse legítimamente como una figura de Aquel que es, no solamente el "Dueño del triple tiempo" (designación que es igualmente aplicada a Shiva), sino también, y antes que nada, el "Señor de la Eternidad". Por lo demás, el "Dueño del tiempo" no puede estar él mismo sometido al tiempo, lo mismo que, según la enseñanza de Aristóteles, el primer motor de todas las cosas, o el principio del movimiento universal, es necesariamente inmóvil. Es el Verbo eterno que la Escritura Santa designa como el "Anciano de los días", el Padre de las edades o de los ciclos de existencia (tal es el sentido propio del latín *seculum*), y la tradición hindú le da también el título equivalente de *Purâna-Purusha*.

En los dos rostros de Jano de los que hablaba en su artículo, L. Charbonneau-Lassay había visto "el de un hombre mayor, mirando hacia los tiempos pasados, y el otro, más joven, fijado hacia el porvenir"; y ello, según lo que acabamos de decir, era efectivamente

---

[22] También por esta razón, algunas lenguas, como el hebreo y el árabe, no tienen forma verbal correspondiente al presente.

muy plausible. Sin embargo, nos ha parecido que, en el caso actual, se trataba sobre todo de un Jano andrógino, del que se encuentran también frecuentes ejemplos; hemos hecho tal observación a Charbonneau, el cual, tras haber examinado de nuevo la figura en cuestión, ha pensado como nosotros que el rostro girado a la derecha debía ser un rostro femenino. Bajo este aspecto, Jano es comparable al *Rebis* de los hermetistas de la Edad Media (de *res bina*, cosa doble, unión de dos naturalezas en un ser único), que es representado también bajo la forma de un personaje de dos cabezas, una de hombre y otra de mujer; la sola diferencia es que ese *Rebis* es Sol-Luna, como lo indican los emblemas accesorios que le acompañan de ordinario, mientras que *Janus-Jana* es más bien *Lunus-Luna*. Por tal motivo, su cabeza está frecuentemente rematada por una luna creciente, en lugar de la corona que porta en la figuración reproducida en *Regnabit* (habría mucho que decir sobre las relaciones entre esa corona y ese creciente lunar; hay además que señalar que el nombre de Diana, la diosa lunar, es otra forma de *Jana*, el aspecto femenino de *Janus*. No hacemos sino indicar esta vertiente del simbolismo del antiguo dios latino, sin extendernos más, pues hay todavía otros sobre los cuales creemos útil insistir un poco.

Janus es el *Janitor* que abre y cierra el ciclo anual, ylas dos llaves que porta más frecuentemente son las de las dos puertas solsticiales. Por otro lado, era también el dios de la iniciación a los misterios (*initiatio* deriva de *in-ire*, y, según Cicerón, el nombre mismo de *Janus* tiene la misma raíz que el verbo *ire*); bajo este nuevo aspecto, las dos mismas llaves, una de oro y otra de plata, eran las de los "grandes misterios" y de los "pequeños misterios"; ¿no es natural que se haya visto ahí una prefiguración de las llaves que abren y cierran el Reino de los Cielos? Por lo demás, en virtud de cierto simbolismo astronómico que parece haber sido común a todos los pueblos antiguos, hay lazos muy estrechos entre los dos sentidos que acabamos de indicar; este simbolismo al cual aludimos es el del ciclo zodiacal, y, no es sin razón por lo que éste, con sus dos mitades ascendente y descendente que tienen sus puntos de partida respectivos en los dos solsticios de invierno y de verano, se encuentra representado en el portal de tantas iglesias de la Edad Media. Se ve aparecer aquí otra significación de los dos rostros de Jano: es el "Dueño de las dos vías" a las cuales dan acceso las dos puertas solsticiales, esas dos vías de la derecha y de la izquierda que los Pitagóricos representaban por la letra Y[23], y que la tradición hindú, por su lado, designa como la "vía de los dioses" y la "vía de los antepasados" (*dêva-yâna* y *pitri-yâna*; la palabra sánscrita *yâna* tiene la misma raíz aún que el latín *ire*, y su forma le aproxima singularmente al nombre de *Janus*). Estas dos vías son también, en un sentido, la de los Cielos y la de los Infiernos; y se observará que los dos lados a los cuales ellas corresponden, la derecha y la izquierda, son aquellos donde se reparten los elegidos y los condenados en las representaciones del juicio final, que, ellas también, por una coincidencia bien significativa, se encuentran tan frecuentemente en el portal de las iglesias.

Por otro lado, a la derecha y a la izquierda corresponden respectivamente, según la Kábala hebrea, dos atributos divinos: la Misericordia (*Hesed*) y la justicia (*Din*), estos dos atributos convienen manifiestamente a Cristo, y más especialmente cuando se le considera en su función de juez de los vivos y de los muertos. Los Arabes, haciendo una distinción análoga, dicen "Belleza" (*Djemâl*) y "Majestad" (*Djelâl*), y se podría comprender con estas últimas designaciones, que los dos aspectos hayan sido representados por un rostro femenino y un rostro masculino. Si nos remitimos a la figura que ha ocasionado esta nota, vemos que, del lado del rostro masculino,

---

[23] Es lo que representaba también, bajo una forma exotérica, el mito de Hércules entre la Virtud y el Vicio. Hemos encontrado el antiguo símbolo pitagórico, no sin cierta sorpresa, en la marca del impresor Nicolas du Chemin, dibujada por Jean Cousin.

Janus porta precisamente un cetro, insignia de majestad, mientras que, del lado del rostro femenino, ostenta una llave; luego esta llave y este cetro sustituyen aquí al conjunto de dos llaves que es un emblema más habitual del mismo Jano, y traduce quizá más claramente aún uno de los sentidos de este emblema, que es el de un doble poder procedente de un principio único: poder sacerdotal y poder regio. Ahí está, en efecto, otra más de sus significaciones múltiples, y además concordantes, que aparecen implícitas en el simbolismo de Jano, y también muy propia para ser encarada como una figura de Cristo; no es precisamente a los lectores de *Regnabit* a quienes es necesario explicar que a Cristo pertenecen eminentemente y por excelencia el Sacerdocio y la Realeza supremos

La Kábala hebrea sintetiza el simbolismo del que acabamos de hablar en la figura del árbol sefirótico, que representa el conjunto de los atributos divinos, y donde la "columna de la derecha" y la "columna de la izquierda" tienen el sentido que hemos venido indicando; este árbol es también designado como el "Arbol de Vida" (*Ets ha-Hayim*). Es muy de resaltar que una representación estrictamente equivalente aparece en el simbolismo medieval del "Arbol de los Vivos y de los Muertos", descrito por L. Charbonneau-Lassay en su reciente artículo sobre los "Arboles emblemáticos" (agosto-septiembre de 1925, p. 178) y que evoca además la idea de "posteridad espiritual", muy importante en diversas doctrinas tradicionales.

Según la Escritura, el "Arbol de la Vida" estaba emplazado en mitad del Edén (*Génesis*, II, 9), y, como hemos explicado en nuestro estudio sobre la leyenda del Santo Grial, el Edén era él mismo el Centro espiritual del Mundo. Este árbol representaba por tanto, el eje invariable alrededor del cual se cumple la revolución de todas las cosas (revolución con la cual se relaciona igualmente el ciclo zodiacal); y por ello el "Arbol de Vida" es designado en otras tradiciones como el

"Arbol del Mundo". Enumeraremos solamente algunos de los árboles que, en los diferentes pueblos, se han tomado para simbolizar este "Arbol del Mundo": la higuera en la India, la encina entre los Celtas y en Dodona, el fresno entre los Escandinavos, el tilo en los Germanos. Pensamos que hay que ver también una figura del "Arbol del Mundo" o del "Arbol de Vida" en el *ex libris* hermético del siglo XVIII que Charbonneau ha reproducido en el mismo artículo (p. 179); aquí, está representado por la acacia, símbolo hebreo de inmortalidad e incorruptibilidad, luego de resurrección. Es precisamente, según la tradición hebraica también, del "Arbol de Vida" de donde emana este "rocío celeste" del que hemos tenido ocasión de hablar ya en diversas ocasiones y por el cual debe operarse la resurrección de los muertos.

A pesar de la presencia de la acacia, el *ex libris* en cuestión no tiene ningún carácter específicamente masónico; las dos columnas de derecha y de izquierda del árbol sefirótico no están ahí representadas, como lo serían en semejante caso, por las dos columnas del Templo de Salomón. El lugar de éstas es ocupado por dos prismas triangulares con terminación piramidal, colocados en sentido inverso uno del otro, y coronados respectivamente por el sol y por la luna. Estos dos astros así relacionados, constituyen la sigla Sol y Luna que acompaña las antiguas crucifixiones[24] y evocan al mismo tiempo la idea del *Rebis* hermético, y ello es aún una confirmación de la muy estrecha relación existente entre todos los símbolos que aquí consideramos. En cuanto a los dos prismas mismos, ofrecen la imagen de dos ternarios opuestos formando el "Sello de Salomón", del que hemos hablado en nuestro artículo sobre las marcas corporativas (noviembre de 1925); y estos dos mismos ternarios se encuentran también en la disposición, evidentemente voluntaria, de las ramas y las raíces del árbol mismo,

---

[24] La cruz está emplazada, en tales representaciones, entre el sol y la luna, exactamente como el "Arbol de Vida" lo está aquí; apenas hace falta señalar que la cruz es también el *Lignum Vitae*.

disposición que recuerda bastante claramente la de la flor de Lys y de las otras figuras heráldicas que tienen por esquema general el Crismón.

Todo ello es sin duda muy curioso y propio para suscitar abundantes reflexiones; esperamos que, señalando todas estas relaciones, habremos al menos logrado hacer sentir en cierta medida la identidad de todas las tradiciones, prueba manifiesta de su unidad original, y la perfecta conformidad del Cristianismo con la Tradición primordial de la que se encuentran así por todas partes vestigios esparcidos.

Para terminar, queremos decir algunas palabras acerca de una objeción que se nos ha dirigido con motivo de las relaciones que hemos considerado entre el Santo Graal y el Sagrado Corazón, aunque, a decir verdad, la respuesta que al mismo tiempo se ha dado nos parece plenamente satisfactoria[25].

Poco importa, en efecto, que Chrestien de Troyes y Robert de Boron no hayan visto, en la antigua leyenda de la que no han sido sino adaptadores, toda la significación contenida en ella; esta significación no por ello dejaba de encontrarse realmente contenida, y no pretendemos haber hecho otra cosa que explicitarla, sin introducir nada de "moderno" en nuestra interpretación. Por lo demás, es muy difícil decir con exactitud lo que los escritores del siglo XII veían o no veían en la leyenda; y, dado que no desempeñaban en suma sino un simple papel de "transmisores", concedemos de buen grado que no

---

[25] Habríamos podido recordar también el *athanor* hermético, el vaso en que se cumple la "Gran Obra", cuyo nombre, según algunos, derivaría del griego *athánatos*, "inmortal"; el fuego invisible que se mantiene perpetuamente en él corresponde al calor vital que reside en el corazón. Hubiéramos podido, igualmente, establecer vinculaciones con otro símbolo muy difundido, el del *huevo*, que significa resurrección e inmortalidad, y sobre el cual tendremos quizá oportunidad de volver. Señalemos por otra parte, al menos a título de curiosidad, que la *copa* del Tarot (cuyo origen es, por lo demás, harto misterioso) ha sido reemplazada por el *corazón* en los naipes franceses, lo que es otro índice de la equivalencia do ambos símbolos.

debían de ver, sin duda, todo lo que veían sus inspiradores; queremos decir, los verdaderos poseedores de la doctrina tradicional.

Por otra parte, en lo que a los Celtas se refiere, hemos cuidado de recordar qué precauciones se imponen cuando quiere hablarse de ellos, en ausencia de toda documentación escrita; pero, ¿porqué querría suponerse, a despecho de los indicios contrarios que a pesar de todo poseemos, que hayan sido menos favorecidos que los demás pueblos de la Antigüedad? En efecto, en todas partes vemos, y no sólo en Egipto, la asimilación simbólica establecida entre el corazón y la copa o el vaso; en todas partes, el corazón está considerado como el centro del ser, centro a la vez divino y humano en las aplicaciones múltiples que permite; en todas partes, también, la copa sacrificial representa el Centro o el Corazón del Mundo, la "morada de inmortalidad"; ¿qué más se necesita? Sabemos bien que la copa y la lanza, o sus equivalentes, han tenido además otras significaciones que las que hemos indicado, pero, sin detenernos en ello, podemos decir que todas esas significaciones, por extrañas que algunas puedan parecer a los ojos de los modernos, son perfectamente concordes entre sí, y expresan en realidad las aplicaciones de un mismo principio a órdenes diversos, según una ley de correspondencia en la cual se funda la armoniosa multiplicidad de sentidos que se incluyen en todo simbolismo.

Ahora bien, que no sólo el Centro del Mundo se identifica efectivamente con el Corazón de Cristo, sino que esta identidad ha sido claramente indicada en las doctrinas antiguas, es cosa que esperamos poder mostrar en otros estudios. Evidentemente, la expresión "Corazón de Cristo", en este caso, debe tomarse en un sentido que no es precisamente el que podríamos llamar "histórico"; pero debe señalarse que los hechos históricos mismos, como todo lo demás, traducen en su modo propio las realidades superiores y se conforman a esa ley de correspondencia a que acabamos de aludir, ley que, solo ella, permite explicar ciertas "prefiguraciones". Se trata, si se quiere, del Cristo-principio, es decir, del Verbo manifestado en el punto central del Universo; pero, ¿quién osaría pretender que el Verbo eterno y su manifestación histórica, terrestre y humana, no son real y sustancialmente un solo y mismo Cristo en dos aspectos diferentes?

Tocamos con esto, además, la cuestión de las relaciones entre lo temporal y lo intemporal; quizá no convenga insistir demasiado, pues esas cosas son justamente de aquellas que solamente el simbolismo permite expresar en la medida en que son expresables. En todo caso, basta saber leer los símbolos para encontrar en ellos todo lo que nosotros encontramos; pero, por desgracia, particularmente en nuestra época, no todos saben leerlos.

Capítulo IV

EL VERBO Y EL SÍMBOLO

Publicado en Regnabit, enero de 1926.
Este estudio se refería a un artículo del P. Anizán, titulado "Si nous savions regarder", aparecido en el número de noviembre de 1925.
Recopilado póstumamente también en Symboles de la Science Sacrée.

En uno de sus últimos artículos, (*Regnabit*, noviembre de 1925), el Rvdo. Padre Anizán ha insistido, de modo muy justo y particularmente oportuno, sobre la importancia de la forma simbólica en la transmisión de las enseñanzas doctrinales de orden religioso y tradicional. Nos permitimos el volver por nuestra parte sobre el mismo tema para aportar algunas precisiones complementarias y mostrar aún más explícitamente los diferentes puntos de vista desde los cuales puede ser enfocado.

Ante todo, el simbolismo se nos aparece como especialísimamente adaptado a las exigencias de la naturaleza humana, que no es una naturaleza puramente intelectual, sino que ha menester de una base sensible para elevarse hacia las esferas superiores. Es preciso tomar el compuesto humano tal cual es, uno y múltiple a la vez en su complejidad real; esto es lo que hay tendencia a olvidar a menudo, desde que Descartes ha pretendido establecer entre el alma y el cuerpo una separación radical y absoluta. Para una pura inteligencia, sin duda, ninguna forma exterior, ninguna expresión se necesita para comprender la verdad, ni siquiera para comunicar a otras inteligencias puras lo que ha comprendido, en la medida en que ello sea comunicable; pero no ocurre así en el hombre. En el fondo, toda expresión, toda formulación, cualquiera que fuere, es un símbolo del pensamiento, al cual traduce exteriormente; en este sentido, el propio lenguaje no es otra cosa que un simbolismo. No debe, pues, haber oposición entre el empleo de las palabras y el de los símbolos figurativos; estos dos modos de expresión serían más bien mutuamente complementarios (y de hecho, por lo demás, pueden combinarse, ya que la escritura es primitivamente ideográfica y a veces, inclusive, como en la China, ha conservado siempre ese carácter). De modo general, la forma del lenguaje es analítica, "'discursiva", como la razón humana de la cual constituye el instrumento propio y cuyo decurso el lenguaje sigue o reproduce lo más exactamente posible; al contrario, el simbolismo propiamente dicho es esencialmente sintético, y por eso mismo "intuitivo" en cierta manera, lo que lo hace más apto que el lenguaje para servir de punto de apoyo a la "intuición intelectual", que está por encima de la razón, y que ha de cuidarse no confundir con esa intuición inferior a la cual apelan diversos filósofos contemporáneos. Por consiguiente, de no contentarse con la comprobación de la diferencia, y de querer hablarse de superioridad, ésta estará, por mucho que algunos pretendan lo contrario, del lado del simbolismo sintético, que abre posibilidades de concepción verdaderamente ilimitadas, mientras que el lenguaje, de significaciones más definidas y fijadas, pone siempre al entendimiento límites más o menos estrechos.

No se diga, pues, que la forma simbólica es buena para el vulgo; la verdad sería más bien lo contrario; o, mejor aún, dicha forma es igualmente buena para todos, porque ayuda a cada cual, según la medida de sus propias posibilidades intelectuales, a comprender más o menos completamente, más o menos profundamente, la verdad representada por ella. Así, las verdades más altas, que no serían en modo alguno comunicables o transmisibles por ningún otro medio, se hacen tales hasta cierto punto cuando están, si puede decirse, incorporadas en símbolos que sin duda las disimularán para muchos, pero que las manifestarán en todo su resplandor a los ojos de los que saben ver.

¿Vale decir que el empleo del simbolismo sea una necesidad? Aquí es preciso establecer una distinción: en sí y de manera absoluta, ninguna forma exterior es necesaria; todas son igualmente contingentes y accidentales con respecto a lo que expresan o representan. Así, según la enseñanza de los hindúes, una figura cualquiera, por ejemplo una estatua que simbolice tal o cual aspecto de la Divinidad, no debe considerarse sino como un "soporte", un punto de apoyo para la meditación; es, pues, un simple "auxiliar" y nada más. Un texto védico da a este respecto una comparación que aclara perfectamente este papel de los símbolos y de las formas exteriores en general: tales formas son como el caballo que permite a un hombre realizar un viaje con más rapidez y mucho menos esfuerzo que si debiera hacerlo por sus propios medios. Sin duda, si ese hombre no tuviese caballo a su disposición, podría pese a todo alcanzar su meta, pero ¡con cuánta mayor dificultad! Si puede servirse de un caballo, haría muy mal en negarse a ello so pretexto de que es más digno de él no recurrir a ayuda alguna: ¿no es precisamente así como actúan los detractores del simbolismo? Y aun, si el viaje es largo y penoso, aunque nunca haya una imposibilidad absoluta de realizarlo a pie, puede existir una verdadera imposibilidad práctica de llevarlo a cabo. Así ocurre con los ritos y símbolos: no son necesarios con necesidad absoluta, pero lo son en cierto modo por una necesidad de conveniencia, en vista de las condiciones de la naturaleza humana.

Pero no basta considerar el simbolismo desde el lado humano, como acabamos de hacerlo hasta ahora; conviene, para penetrar todo su alcance, encararlo igualmente por el lado divino, si es dado expresarse así. Ya si se comprueba que el simbolismo tiene su fundamento en la naturaleza misma de los seres y las cosas, que está en perfecta conformidad con las leyes de esa naturaleza, y si se reflexiona en que las leyes naturales no son en suma sino una expresión y una como expresión de la Voluntad divina, ¿no autoriza esto a afirmar que tal simbolismo es de origen "no humano", como dicen los hindúes, o, en otros términos, que su principio se remonta más lejos y más alto que la humanidad?

No sin razón el R. P. Anizán, al principio de cuyo artículo nos referimos en todo momento, recordaba las primeras palabras del Evangelio de San Juan: "En el principio era el Verbo". El Verbo, el *Logos*, es a la vez Pensamiento y Palabra: en sí, es el Intelecto divino, que es el "lugar de los posibles"; con relación a nosotros, se manifiesta y se expresa por la Creación, en la cual se realizan en existencia actual algunos de esos mismos posibles que, en cuanto esencias, están contenidos en Él desde toda la eternidad. La Creación es obra del Verbo; es también, por eso mismo, su manifestación, su afirmación exterior; y por eso el mundo es como un lenguaje divino para aquellos que saben comprenderlo: *Caeli enarrant gloriam Dei* (*Ps.* XIX, 2). El filósofo Berkeley no se equivocaba, pues, cuando decía que el mundo es "el lenguaje que el Espíritu infinito habla a los espíritus finitos"; pero erraba al creer que ese lenguaje no es sino un conjunto de signos arbitrarios, cuando en realidad nada hay de arbitrario ni aun en el lenguaje humano, pues toda significación debe tener en el origen su fundamento en alguna conveniencia o armonía natural entre el signo y la cosa significada. Porque Adán había recibido de Dios el conocimiento de la naturaleza de todos los seres vivientes, pudo darles sus nombres (*Génesis*, II, 19-20); y todas las tradiciones antiguas concuerdan en enseñar que el verdadero nombre de un ser es uno con su naturaleza o esencia misma.

Si el Verbo es Pensamiento en lo interior y Palabra en lo exterior, y si el mundo es el efecto de la Palabra divina proferida en el origen de los tiempos, la naturaleza entera puede tomarse como un símbolo de la realidad sobrenatural. Todo lo que es, cualquiera sea su modo de ser, al tener su principio en el Intelecto divino, traduce o representa ese principio a su manera y según su orden de existencia; y así, de un orden en otro, todas las cosas se encadenan y corresponden para concurrir a la armonía universal y total, que es como un reflejo de la Unidad divina misma. Esta correspondencia es el verdadero fundamento del simbolismo, y por eso las leyes de un dominio inferior pueden siempre tomarse para simbolizar la realidad de orden superior, donde tienen su razón profunda, que es a la vez su principio y su fin. Señalemos, con ocasión de esto, el error de las modernas interpretaciones "naturalistas" de las antiguas doctrinas tradicionales, interpretaciones que invierten pura y simplemente la jerarquía de relaciones entre los diferentes órdenes de realidades: por ejemplo los símbolos o los mitos nunca han tenido por función representar el movimiento de los astros, sino que la verdad es que se encuentran a menudo en ellos figuras inspiradas en ese movimiento y destinadas a expresar analógicamente muy otra cosa, porque las leyes de aquel traducen físicamente los principios metafísicos de que dependen. Lo inferior puede simbolizar lo superior, pero la inversa es imposible; por otra parte, si el símbolo no estuviese más próximo al orden sensible que lo representado por él, ¿cómo podría cumplir la función a la que está destinado? En la naturaleza, lo sensible puede simbolizar lo suprasensible; el orden natural íntegro puede, a su vez, ser un símbolo del orden divino; y, por lo demás, si se considera más particularmente al hombre, ¿no es legítimo decir que él también es un símbolo, por el hecho mismo de que ha sido "creado a imagen de Dios" (*Génesis*, 1, 26-27)? Agreguemos aún que la naturaleza solamente adquiere su plena significación si se la considera en cuanto proveedora de un medio para elevarnos al conocimiento de las verdades divinas, lo que es, precisamente, también el papel esencial que hemos reconocido al simbolismo[26].

Estas consideraciones podrían desarrollarse casi indefinidamente; pero preferimos dejar a cada cual el cuidado de realizar ese desarrollo por un esfuerzo de reflexión personal, pues nada podría ser más provechoso; como los símbolos que son su tema, estas notas no deben ser sino un punto de partida para la meditación. Las palabras, por lo demás, no pueden traducir sino muy imperfectamente aquello de que se trata; empero, hay todavía un aspecto de la cuestión, y no de los menos importantes, que procuraremos hacer comprender, o por lo menos presentir, por alguna breve indicación.

El Verbo divino se expresa en la Creación, decíamos, y ello es comparable, analógicamente y salvadas todas las proporciones, al pensamiento que se expresa en formas (no cabe ya aquí distinguir entre el lenguaje y los símbolos propiamente dichos) que lo velan y lo manifiestan a la vez. La Revelación primordial, obra del Verbo como la Creación, se incorpora también, por así decirlo, en símbolos que se han transmitido de edad en edad desde los orígenes de la humanidad; y este proceso es además análogo, en su orden al de la Creación misma. Por otra parte, ¿no puede verse, en esta incorporación simbólica de la tradición "no humana", una suerte de imagen anticipada, de "prefiguración", de la Encarnación del Verbo? ¿Y ello no permite también percibir, en cierta medida, la misteriosa relación existente entre la Creación y la Encarnación que la corona?

---

[26] Quizá no sea inútil hacer notar que este punto de vista, según el cual la naturaleza se considera como un símbolo de lo sobrenatural, no es nuevo en modo alguno, sino que, al contrario, ha sido encarado corrientemente en la Edad Media; ha sido, especialmente, el de la escuela franciscana, y en particular de San Buenaventura. Notemos también que la analogía, en el sentido tomista de la palabra, que permite remontarse del conocimiento de las criaturas al de Dios, no es otra cosa que un modo de expresión simbólica basado en la correspondencia del orden natural con el sobrenatural.

Concluiremos con una última observación, porque no olvidamos que esta revista es especialmente la Revista del Sagrado Corazón. Si el simbolismo es, en su esencia, estrictamente conforme al "plan divino", y si el Sagrado Corazón es el "centro del plan divino", como el corazón es el centro del ser, de modo real y simbólico al unísono, este símbolo del Corazón, por sí mismo o por sus equivalentes, debe ocupar en todas las doctrinas emanadas más o menos directamente de la Tradición primordial un lugar propiamente central, aquel que le da, en medio de los círculos planetario y zodiacal, el Cartujo que esculpió el mármol de Saint-Denis d'Orques (ver *Regnabit*, febrero de 1924); es lo que precisamente intentaremos mostrar en otros estudios.

P. S.- Desde nuestro artículo de noviembre de 1925, se nos han comunicado algunas marcas de impresores o de libreros del siglo XVII, entre las cuales hemos encontrado tres donde figura el corazón asociado al "cuatro de cifra". Una de tales marcas es rigurosamente semejante, comprendidas las iniciales, a la que hemos representado en nuestra figura 17, dándola, según M. Deonna, como una marca de tapicería del siglo XVI; esta similitud no es sin duda más que una coincidencia, pues es poco probable que el autor que hemos citado haya indicado al respecto una referencia errónea. Como quiera que sea, esta marca se encuentra asociada a otras dos, una es ciertamente la del impresor Carolus Morellus (v. nuestra figura 14), y la otra no difiere apenas de ésta más que por el monograma, que está formado por las iniciales S. M., y por la ausencia de toda barra suplementaria añadida al 4.

Otra marca es del tipo de la de nuestra figura 20; las iniciales emplazadas en el corazón son D. B., y la parte inferior porta un sol en lugar de una estrella; esta marca está colocada bajo un escudo en el cual hay otro sol coronado por una corona real. La tercera es del mismo género, pero las iniciales A. D. que allí figuran están encerradas en dos círculos ocupando el lugar de las curvas que simulan las aurículas del corazón: la parte inferior de ésta lleva tres estrellas; además, el cuatro está acompañado a la vez de una barra horizontal y de una barra vertical. Esta última marca está contenida en un cartucho oval colocado bajo una corona real soportada por dos ángeles con la divisa *"Non coronatur nisi qui legitime certaverit"*. Quizás estas indicaciones permitirán a algún lector de esta Revista identificar de una manera precisa las marcas de que se trata.

Señalemos por otra parte, en esta ocasión, que existe manifiestamente entre las marcas de este género y las del impresor orleanés Matthieu Vivian (1490), reproducida anteriormente por L. Charbonneau-Lassay en *Regnabit*, enero de 1924, p. 124). La diferencia principal es que, en esta última, el corazón conteniendo las iniciales no está coronado por el "cuatro de cifra", sino solamente por la cruz; esta similitud nos impulsa a considerar como muy verosímil, por no decir más, la hipótesis según la cual, también en este caso es el Corazón de Cristo lo que se ha querido representar.

Capítulo V

A PROPÓSITO DE LOS SIGNOS CORPORATIVOS Y DE SU SENTIDO ORIGINAL

Artículo publicado en Regnabit, número de febrero de 1926. Retomado en "Etudes Traditionnelles", abril-mayo de 1951 y recopilado póstumamente también en Etudes sur la Franc-Maçonnerie et le Compagnonnage II.

Visto que el artículo que dedicamos a los antiguos signos corporativos (*Regnabit*, noviembre de 1925) parece haber despertado el interés de cierto número de lectores, volvemos nuevamente sobre este tema tan poco conocido, a fin de agregar algunas otras indicaciones que consideramos de utilidad, a juzgar por las cuestiones que nos han sido sometidas desde varios lados.

En primer lugar, desde aquel entonces nos ha sido aportada una confirmación a lo que decíamos al final del artículo, a propósito de los signos de los albañiles y canteros y de los símbolos herméticos a los cuales ellos parecen vincularse directamente. La información de que hablamos proviene de un artículo relativo al "Compañerazgo", que, por una extraña coincidencia, se publicaba precisamente al mismo tiempo que el nuestro. De allí tomamos este pasaje: "El Cristianismo, llegado a su apogeo, persiguió un estilo que resumiera su pensamiento, y a las cúpulas, al arco de medio punto, a las torres macizas, sustituyó las agujas esbeltas y la ojiva que, progresivamente, fueron difundiéndose. Fue entonces cuando el Papado fundó en Roma la

Universidad de las Artes, hacia donde los monasterios de todos los países enviaron sus estudiantes y sus constructores laicos. De este modo, estas élites fundaron la Maestría universal, donde canteros, escultores, carpinteros y otros oficios del Arte recibieron aquella concepción constructiva que ellos llamaban la Gran Obra. La reunión de todos los Maestros de Obra extranjeros formó la asociación simbólica, la paleta rematada por la cruz; y de los brazos de la cruz colgaban la escuadra y el compás. Las marcas emblemáticas crearon los símbolos de la Gran Maestría universal[27].

La trulla rematada por la cruz viene a ser exactamente el símbolo hermético que habíamos reproducido en la figura 22 de nuestro artículo y la trulla, a causa de su forma triangular, estaba considerada ahí como un emblema de la Trinidad: *"Sanctissima Trinitas Conditor Mundi"*[28]. Por lo demás, parece ser que el dogma trinitario ha sido puesto particularmente en evidencia por las antiguas corporaciones; y la mayor parte de los documentos que provienen de las mismas comienzan con la fórmula: "En el nombre de la Santísima e Indivisible Trinidad".

Puesto que ya hemos indicado la identidad simbólica existente entre el triángulo invertido y el corazón, no resulta ocioso agregar que a este último puede igualmente atribuírsele un sentido trinitario. Encontramos la prueba de ello en una lámina dibujada y grabada por Callot para una tesis sostenida en 1625, y de la que ya trató el R. P. Anizán en esta misma Revista (diciembre de 1922). A la cabeza de la composición se halla figurado el Corazón de Cristo, conteniendo tres

---

[27] Auguste Bonvous, *La Religion de l'Art*, en *"Le Voile d'Isis"*, número especial dedicado al "Compañerazgo", noviembre de 1925.

[28] La palabra *Conditor* contiene una alusión al simbolismo de la "piedra angular". Al final del artículo se encuentra reproducida una curiosa figura de la Trinidad, en la cual el triángulo invertido juega un papel importante.

iod, la primera letra del nombre de *Jehovah* en hebreo; estas tres *iod* eran además consideradas como formando por sí solas un nombre divino, que resulta bastante natural interpretar como una expresión de la Trinidad[29]. "Hoy escribía al respecto el R. P. Anizán adoramos el 'Corazón de Jesús, Hijo del *Padre* Eterno'; el 'Corazón de Jesús unido sustancialmente al Verbo de Dios'; el Corazón de Jesús, formado por el *Espíritu Santo* en el seno de la Virgen María'. ¿Cómo extrañarse de que en 1625 haya sido atestiguado el augusto contacto del Corazón de Jesús con la Santa Trinidad? En el siglo XII, algunos teólogos han visto a este Corazón como el 'Santo de los Santos' y como el 'Arca del Testamento'[30]. Esta verdad no podía perderse: su expresión misma logra la adhesión del espíritu. De hecho ella no se perdió. En un *Diurnal* aparecido en Amberes en 1616, leemos esta bella plegaria: 'Oh Corazón dulcísimo de Jesús, donde todo bien reside, *órgano de la siempre adorable Trinidad*, en vos me confío, en vos me refugio totalmente'. Ese 'Órgano de la Santísima Trinidad' helo aquí, claramente representado: es el Corazón con las tres *iod*. Y este Corazón de Cristo, órgano de la Trinidad, nuestra lámina nos dice en una palabra que es el 'principio del orden': *Praedestinatio Christi est ordinis origo*".

No faltará la oportunidad de volver sobre otros aspectos de este simbolismo, en especial por lo que concierne al significado místico de la letra *iod*; pero no hemos querido dejar de mencionar desde ahora

---

[29] Las tres *iod* inscritas en el Corazón de Cristo se encuentran dispuestas en el orden 2 y 1, de manera que correspondan a los tres vértices de un triángulo invertido. Podemos agregar que tal disposición aparece muy a menudo en los elementos del blasón; en particular, es el caso de las tres flores de lys en las insignias de los reyes de Francia.

[30] Estas asimilaciones se encuentran bastante directamente relacionadas con la cuestión de los "centros espirituales" que hemos tocado en nuestro estudio sobre el Santo Grial; nos explicaremos más completamente sobre este punto cuando abordemos el tema del simbolismo del corazón en las tradiciones hebraicas.

estos paralelos tan significativos.

Varias personas, que aprueban nuestra intención de restituir a los símbolos su sentido originario y que gentilmente han querido hacérnoslo saber, nos han manifestado al mismo tiempo el deseo de ver al Catolicismo reivindicar decididamente todos estos símbolos que le pertenecen de derecho, incluyendo aquellos como, por ejemplo, los triángulos de los cuales se han apropiado organizaciones tales como la Masonería. La idea es muy justa y concuerda con cuanto pensamos; pero hay un punto sobre el cual puede existir, en la mente de algunos, un equívoco e incluso un verdadero error histórico, que será oportuno disipar.

En verdad, no hay muchos símbolos que puedan decirse propia y exclusivamente "masónicos"; ya lo habíamos señalado a propósito de la acacia (diciembre de 1925, pág. 26). Inclusive los emblemas más específicamente "constructivos", como la escuadra y el compás, han sido, de hecho, comunes a un gran número de corporaciones, podríamos decir incluso a casi todas[31], sin hablar de la utilización que ha sido hecha también en el simbolismo puramente hermético[32]. La Masonería se sirve de símbolos de un carácter bastante diverso, al menos aparentemente, pero no es, como parece creerse, que se haya apropiado de los mismos para desviarlos de su verdadero sentido; ella los ha recibido, como las otras corporaciones (ya que en sus orígenes fue una de éstas), en una época en la cual era muy distinta de lo que se ha vuelto hoy día, y ella los ha conservado, pero, desde hace ya mucho tiempo, no los comprende más.

---

[31] El "Compañerazgo" prohibía sólo a zapateros y panaderos portar el compás.

[32] Es así que la escuadra y el compás figuran, por lo menos desde comienzos del siglo XVII, en las manos del *Rebis* hermético (véanse, por ejemplo, las *Doce Llaves de la Alquimia*, de Basilio Valentín).

"Todo indica, decía Joseph de Maistre, que la Francmasonería vulgar es una rama desprendida y quizás corrompida de un tronco antiguo y respetable"[33]. Y es precisamente así como debe ser considerada la cuestión: con demasiada frecuencia se comete el error de no pensar más que en la Masonería *moderna*, sin pensar siquiera que esta última es simplemente la resultante de una desviación. Los primeros responsables de esta desviación fueron, al parecer, los pastores protestantes Anderson y Desaguliers, que redactaron las Constituciones de la Gran Logia de Inglaterra, publicadas en 1723, y que hicieron desaparecer todos los antiguos documentos que cayeron en sus manos, para que nadie se percatara de las innovaciones que introducían, y también porque tales documentos contenían fórmulas que juzgaban muy incómodas, como la obligación de "fidelidad a Dios, *a la Santa Iglesia* y al Rey", señal indiscutible del origen católico de la Masonería[34]. Esta obra de deformación fue preparada por los protestantes aprovechando los quince años que habían transcurrido entre la muerte de Christopher Wren, último Gran Maestre de la Masonería *antigua* (1702) y la fundación de la nueva Gran Logia de Inglaterra (1717). Sin embargo, dejaron subsistir el simbolismo, sin percatarse de que el mismo, para quien supiera comprenderlo, atestiguaba en su contra tan elocuentemente como los textos escritos, que además no habían podido destruir en su totalidad. He aquí, muy brevemente resumido, cuanto deberían saber quienes desean combatir eficazmente las tendencias de la Masonería actual[35].

---

[33] Mémoire au duc de Brunswick, 1782.

[34] Durante el siglo XVIII, la Masonería *escocesa* fue un intento de retorno a la tradición católica, representada por la dinastía de los Estuardo, en oposición a la Masonería *inglesa*, ya protestante y devota de la Casa de Orange.

[35] Posteriormente se produjo otra desviación en los países latinos, esta vez en sentido antirreligioso, pero más que nada conviene insistir sobre la "protestantización" de la Masonería anglosajona.

No nos corresponde examinar aquí en su conjunto la cuestión tan compleja y controvertida de la pluralidad de orígenes de la Masonería; nos limitamos a tomar en consideración lo que puede llamarse el aspecto corporativo, representado por la Masonería *operativa*, o sea, las antiguas fraternidades de constructores. Al igual que las demás corporaciones, estas últimas poseían un simbolismo religioso, o si se prefiere, herméticoreligioso, en relación con las concepciones de aquel esoterismo católico tan difundido en la Edad Media, cuyos vestigios se encuentran por doquier en los monumentos y hasta en la literatura de aquella época. A pesar de cuanto sostienen numerosos historiadores, la confluencia del hermetismo con la Masonería se remonta a mucho antes de la afiliación de Elías Ashmole a esta última (1646); por nuestra parte pensamos incluso que, durante el siglo XVII solamente se trató de reconstruir, bajo este aspecto, una tradición que en gran parte ya se había perdido. Algunos, que parecen estar bien informados de la historia de las corporaciones, llegan incluso a fijar con mucha precisión la fecha de esta pérdida de la antigua tradición, allá por el año 1459[36]. Nos parece indiscutible que los dos aspectos *operativo* y *especulativo* han estado siempre reunidos en las corporaciones de la Edad Media, que utilizaban por lo demás ciertas expresiones muy claramente herméticas como aquella de "Gran Obra", con aplicaciones diversas pero siempre analógicamente correspondientes entre sí[37].

Por otra parte, si quisiéramos remontarnos verdaderamente a los orígenes, suponiendo que la cosa sea posible con las informaciones

---

[36] Albert Bernet, *Des Labyrinthes sur le sol des églises*, en el número ya citado del *Voile d'Isis*. Sin embargo este artículo contiene una pequeña inexactitud al respecto: no es en Estrasburgo, sino en Colonia, donde está fechada la carta masónica de abril de 1459.

[37] Señalemos también que existió, allá por el siglo XIV, o acaso en fecha más temprana, una *Massenie del Santo Grial*, por cuyo intermedio las fraternidades de constructores se encontraban vinculadas a sus inspiradores hermetistas, y en la cual Henri Martin (*Histoire de France*, I, III, pág. 398) vio con razón uno de los orígenes verdaderos de la Masonería.

necesariamente fragmentarias de que se dispone en semejante materia, sería indudablemente necesario superar los confines de la Edad Media e incluso aquellos del Cristianismo. Esto nos lleva a completar en cierto aspecto cuanto habíamos dicho sobre el simbolismo de *Jano* en un precedente artículo (diciembre 1925), puesto que dicho simbolismo se encuentra precisamente relacionado muy estrechamente con la cuestión que estamos tratando ahora[38]. En efecto, en la Roma antigua, los *Collegia fabrorum* tributaban un culto especial a *Jano*, en cuyo honor celebraban las dos fiestas solsticiales, correspondientes a la apertura de las dos mitades ascendente y descendente del ciclo zodiacal, es decir de aquellos puntos del año, que, en el simbolismo astronómico al cual ya nos hemos referido, representan las puertas de las dos vías celeste e infernal (*Janua Coeli* y *Janua Inferni*). Posteriormente, esta costumbre de las fiestas solsticiales continuó siendo practicada en las corporaciones de constructores; pero, con el Cristianismo, estas fiestas fueron identificadas con los dos San Juan, de invierno y de verano (de allí la expresión "Logia de San Juan" que se mantuvo hasta confluir en la misma Masonería moderna), lo cual constituye otro ejemplo de aquella adaptación de los símbolos precristianos que hemos señalado en repetidas ocasiones.

De lo que acabamos de decir, extraeremos dos consecuencias que nos parecen dignas de interés. En primer lugar, entre los Romanos, *Jano* era como ya dijimos el dios de la iniciación a los Misterios; al mismo tiempo era también el dios de las corporaciones de artesanos; y esto no puede provenir de una coincidencia más o menos fortuita.

---

[38] Podemos subrayar en esta ocasión que en aquel entonces no tuvimos la intención de escribir un estudio completo sobre *Jano*; para ello hubiera sido necesario llevar a cabo una relación de los simbolismos análogos que pueden encontrarse entre los diversos pueblos, en especial aquel de *Ganêsha* en la India, lo cual nos habría acarreado desarrollos muy extensos. La imagen de *Jano* que había servido como punto de partida para nuestra anotación ha sido reproducida de nuevo en el artículo de CharbonneauLassay aparecido en el mismo número de *Regnabit* (diciembre de 1925, pág. 15).

Debía, necesariamente, existir una relación entre esas dos funciones referidas a la misma entidad simbólica; en otras palabras, era menester que las corporaciones en cuestión estuvieran ya en aquel entonces, así como lo estuvieron más tarde, en posesión de una tradición de carácter realmente "iniciático". Pensamos además que ello no constituye un caso especial y aislado y que constataciones del mismo tipo podrían efectuarse en otros muchos pueblos; quizás, precisamente esto podría llegar a conducir, con referencia al verdadero origen de las artes y los oficios, a concepciones ni siquiera sospechadas por los modernos, para quienes semejantes tradiciones se han vuelto letra muerta.

La otra consecuencia es la siguiente: la conservación, entre los constructores de la Edad Media, de la tradición que se vinculaba antiguamente al simbolismo de *Jano*, explica entre otras cosas la importancia que tenía para ellos la representación del Zodíaco que vemos tan frecuentemente reproducido en el pórtico de las iglesias, generalmente dispuesto de manera tal de subrayar el carácter ascendente y descendente de sus dos mitades. Había incluso en ello, para nosotros, algo que resulta realmente fundamental en la concepción de los constructores de las catedrales, quienes se proponían plasmar en sus obras una especie de compendio sintético del Universo. Si no siempre aparece el Zodíaco, por el contrario hay varios otros símbolos que le son equivalentes, en un determinado sentido al menos, y que no dejan de evocar ideas análogas bajo el aspecto que estamos considerando (sin perjuicio de sus otros significados más particulares): las representaciones del Juicio Final forman parte de este caso al igual que ciertos árboles emblemáticos, como ya hemos explicado. Incluso, podríamos ir más lejos todavía y decir que esta concepción se halla de algún modo implícita en el mismo trazado de la planta de la catedral; pero si tan solo quisiéramos comenzar a justificar esta última aseveración, superaríamos ampliamente los límites de esta simple anotación[39].

---

[39] Queremos rectificar una inexactitud que se ha deslizado en una nota de nuestro artículo consagrado a los signos corporativos (noviembre de 1925, pág. 395), y que unos amigos provenzales nos han señalado cortésmente. La estrella que figura en el escudo de Provenza no tiene ocho rayos sino solamente siete; ella se relaciona, entonces, con una serie de símbolos (las figuras del septenario) diferente de aquélla a la que nos hemos referido. Por otro lado, en Provenza existe también la estrella de los Baux, que posee dieciséis rayos (dos veces ocho); y esta última tiene incluso una importancia simbólica muy particular, subrayada por el origen legendario que se le atribuye, puesto que los antiguos señores de Baux se decían descendientes del ReyMago Baltasar.

Capítulo VI

LOS ÁRBOLES DEL PARAÍSO

Publicado en Regnabit, nº 10, marzo de 1926.
No recopilado en ninguna otra compilación póstuma.

En su notable artículo de agosto-septiembre de 1925, Louis Charbonneau-Lassay ha mostrado que el árbol, de manera general, es, en el Cristianismo tanto como en la antigüedad precristiana, un emblema de resurrección. Por nuestra parte, hemos indicado (diciembre de 1925) que el árbol es también una figura del "Eje del Mundo"; y estas dos significaciones, que además no carecen de relaciones bastante estrechas entre ellas y que se completan admirablemente, son propias una y otra para hacer del árbol, como efectivamente ha ocurrido, un símbolo de Cristo.

A este respecto, hemos hecho alusión más particularmente al Arbol de Vida que estaba emplazado en el centro del Paraíso terrestre, y que une manifiestamente en él los dos sentidos de que se trata. Pensamos incluso que muchos árboles emblemáticos, de especies diversas según los países, o a veces no pertenecientes a alguna especie que se encuentre en la naturaleza, han sido tomados primero para representar el "Arbol de Vida" o "Arbol del Mundo", bien que esta significación primera haya podido, en algunos casos, ser más o menos olvidada a continuación. ¿No es así como puede explicarse especialmente el nombre del árbol *Paradision* de la Edad Media, nombre que ha sido a veces extrañamente deformado en *Peridexion*, como si hubiera dejado de comprenderse en cierto momento?

Pero, en el Paraíso terrestre, no sólo estaba el Arbol de Vida; había otro que desempeña una función no menos importante, e incluso más generalmente conocida: es el Arbol de la Ciencia del bien y del mal. Las relaciones existentes entre estos dos árboles son muy misteriosas; y, según el texto del relato bíblico, estaban situados muy cerca el uno del otro. En efecto, el *Génesis*, inmediatamente después de haber designado al Arbol de Vida como estando en mitad del jardín, nombra al Arbol de la Ciencia del bien y del mal (II, 9), más adelante, se dice que este último estaba igualmente "en medio del jardín" (III, 3); y en fin Adán, tras haber comido el fruto del Arbol de la Ciencia, no habría tenido a continuación más que "alargar" su mano para tomar también del fruto del Arbol de Vida (III, 22). En el segundo de estos tres pasajes, la defensa hecha por Dios es relacionada únicamente con "el árbol que está en mitad del jardín", y que no es más especificado; pero, remitiéndose al otro pasaje en el cual esta defensa ha sido ya enunciada (II, 17), se ve que es evidentemente del Arbol de la Ciencia del bien y del mal del que se trata en este caso. ¿Es en razón de esta proximidad de los dos árboles, que están tan estrechamente unidos en el simbolismo hasta tal punto que algunos árboles emblemáticos presentan rasgos que evocan a la vez a ambos? Sobre este punto querríamos ahora llamar la atención para completar lo que hemos dicho precedentemente, sin tener, por lo demás, en absoluto la pretensión de agotar una cuestión que nos aparece como extremadamente compleja.

La naturaleza del Arbol de la ciencia del bien y del mal puede, como su nombre mismo lo indica, estar caracterizada por la dualidad, no podría ser lo mismo para el Arbol de la Vida, cuya función de "Eje del Mundo" implica esencialmente la unidad. Luego, cuando encontramos en un árbol emblemático una imagen de la dualidad, parece que se necesite ver ahí una alusión al Arbol de la Ciencia, mientras que, en otros aspectos, el símbolo considerado sería incontestablemente una figura del Arbol de la Vida. Así, el "Arbol de los Vivos y de los

Muertos", por sus lados, cuyos frutos representan respectivamente las buenas y las malas obras, se emparenta claramente con el Arbol de la Ciencia del bien y del mal; y al mismo tiempo su tronco, que es Cristo mismo, lo identifica la Arbol de Vida. Hemos ya comparado este símbolo medieval con el árbol sefirótico de la Kábala hebrea, que es expresamente designado como el Árbol de Vida, y donde, sin embargo, la columna de la derecha" y la "columna de la izquierda" figuran una dualidad análoga; pero entre las dos es la "columna del medio" donde se equilibran las dos tendencias opuestas, y donde se reencuentra así la unidad verdadera del Árbol de Vida.

Esto nos lleva a una observación que nos parece bastante importante: cuando estamos en presencia de un árbol que presenta una forma ternaria, como el del *ex-libris* hermético del que L. Charbonneau-Lassay ha dado la reproducción (agosto-septiembre de 1925, p. 179), puede ocurrir que tal ternario, además de su sentido propio en tanto que ternario, tenga otro que resulta del hecho de ser descomponible en la unidad y la dualidad de la que acaba de tratarse. En el ejemplo que recordamos, la idea de la dualidad es además expresada claramente por las dos columnas o más bien los dos prismas triangulares remontados por el sol y por la luna (la correlación de estos dos astros corresponde también a uno de los aspectos de esta dualidad considerada en el orden cósmico). Tal árbol podría muy bien sintetizar en sí, en cierto modo, las naturalezas del Árbol de Vida y del Árbol de la Ciencia del bien y del mal, como si éstos se encontraran reunidos en uno solo[40]. En lugar de un árbol único, se podría tener también con la misma significación, tres árboles unidos por sus raíces y dispuestos como las tres columnas del árbol sefirótico (o como los tres portales y

---

[40] En un pasaje de la *Astrea* de Honoré d Úrfe, de cual no hemos podido desgraciadamente encontrar la referencia exacta, se trata de un árbol de tres surtidores, según una tradición que parece ser de origen druídico.

las tres naves de una catedral, y a esta disposición aludimos al final de nuestro último artículo); sería interesante investigar si existe efectivamente en el simbolismo cristiano ejemplos iconográficos de tal figuración.

La naturaleza dual del Árbol de la Ciencia sólo aparece a Adán en el momento de la caída, puesto que es entonces cuando deviene "conocedor del bien y del mal" (III, 22)[41]. Es entonces también cuando es alejado del centro que es el lugar de la unidad primera a la cual corresponde el Arbol de Vida; y es precisamente "para guardar el camino del "Árbol de Vida", que los querubines, armados con la espada flamígera, están emplazados a la entrada del Edén (III, 24). Este centro ha devenido inaccesible para el hombre caído, habiendo, como hemos dicho precedentemente (agosto-septiembre de 1925), perdido el sentido de la eternidad, que es también el "sentido de la unidad".

Lo que acabamos de indicar reaparece, por otro lado, en el simbolismo de Janus; el tercer rostro de éste, que es el verdadero[42], es invisible, lo mismo que el Árbol de Vida es inaccesible en el estado de decadencia de la humanidad; ver este tercer rostro de Janus, o alcanzar el Árbol de Vida, es recobrar el "sentido de eternidad". Las dos caras visibles, son la misma dualidad que constituye el Árbol de la Ciencia; y hemos ya explicado que la condición temporal, en la cual el hombre se encuentra encerrado por la caída, responde precisamente a uno de los aspectos de Janus, aquel donde los dos rostros son considerados como mirando respectivamente al pasado y al porvenir (véase nuestro artículo de diciembre de 1925). Estas observaciones acaban de

---

[41] Cuando "sus ojos fueron abiertos", Adán y Eva se cubrieron con hojas de higuera (III, 7), esto hay que relacionarlo con el hecho de que, en la tradición hindú, el "Árbol del mundo" es representado por la higuera; y el papel que juega el mismo árbol en el Evangelio merecería también ser estudiado particularmente.

[42] Janus es triple como Hécate, la cual no es otra que *Jana* o *Diana*.

justificar la aproximación que hacíamos entonces entre símbolos que, a primera vista, pueden parecer enteramente diferentes, pero entre las cuales existen sin embargo lazos muy estrechos, que se hacen manifiestos desde que uno se aplica un poco a profundizar su sentido.

Hay todavía otra cosa que es muy digna de destacarse: hemos recordado, lo que todo el mundo sabe además y que se comprende por sí mismo, que la cruz del Salvador es identificada simbólicamente al Árbol de Vida; pero, por otra parte, una "leyenda de la Cruz" que corría en la Edad Media, la cruz habría sido hecha con la madera del Árbol de la Ciencia, de suerte que éste, tras haber sido el instrumento de la caída, se habría así convertido en el de la Redención; hay ahí como una alusión al restablecimiento del orden primordial por la Redención; y tal simbolismo hay que parangonarlo con lo que dice San Pablo de los dos Adán (I, Corintios, XV); pero, en esta nueva función, que es inversa de la primera, el Arbol de la Ciencia se asimila en cierto modo al árbol de Vida, que vuelve a estar entonces accesible para la humanidad: la Eucaristía ¿no es realmente comparable al fruto del Arbol de Vida?

Esto nos hace pensar, por otro lado, en la serpiente de bronce levantada por Moisés en el desierto (Números XXI), que se sabe es una figura del Cristo Redentor, lo mismo que la pértiga sobre la cual está colocada recuerda también el Árbol de Vida. Sin embargo, la serpiente está más habitualmente asociada al Árbol de la Ciencia; pero entonces es considerada bajo su aspecto maléfico, y hemos ya hecho observar que, como muchos otros símbolos, hay dos significaciones opuestas (agosto-septiembre de 1925, p. 191). No hay que confundir la serpiente que representa la vida y la que representa la muerte, la serpiente que es un símbolo de Cristo y la que es un símbolo de Satán (y ello incluso cuando se encuentran estrechamente reunidos en la curiosa figuración de la "anfisbena" o serpiente de dos cabezas); y ¿no podría decirse que la relación de esos dos aspectos contrarios no deja de tener alguna analogía con la de los papeles que desempeñan respectivamente el Árbol de Vida y el Árbol de la Ciencia?

Hablábamos más delante de una figuración posible de tres árboles de los cuales el central representaría el Árbol de Vida, mientras que los otros dos evocarían la doble naturaleza del Árbol de la ciencia del bien y del mal. He aquí precisamente que, a propósito de la cruz, encontramos algo de éste género: ¿no es ésa, en efecto, la idea que debe venirnos al espíritu viendo la cruz de Cristo entre las del buen y del mal ladrón? Estos están colocados respectivamente a derecha y a izquierda del Cristo crucificado, como los elegidos y los condenados lo serán a la derecha y a la izquierda de Cristo en el Juicio final; y, al mismo tiempo, que representan evidentemente el bien y el mal, corresponden también con relación a Cristo, a la Misericordia y al Rigor, los atributos característicos de las dos columnas del árbol sefirótico. La cruz de Cristo ocupa siempre el lugar central que pertenece propiamente al Árbol de Vida; y, cuando es figurada entre el sol y la luna, es también lo mismo: ella es entonces verdaderamente el "Eje del Mundo".

Estas últimas reflexiones nos obligan a recordar lo siguiente, que se pierde de vista demasiado frecuentemente: los hechos históricos, hemos dicho, tienen, además de su realidad propia, un valor simbólico, porque expresan y traducen en su orden los principios de los que dependen, y de la misma manera que la naturaleza toda entera, de la que forman parte, es como un símbolo de lo sobrenatural (diciembre de 1925, p. 28 y enero de 1926, pp. 113-114). Si es así, la crucifixión de Cristo entre los dos ladrones no es solamente un símbolo, como podrían suponer los que comprenden mal tal punto de vista; ella es también y primero un hecho; pero es precisamente este hecho mismo el que, como todos los de la vida de Cristo, es al mismo tiempo un símbolo, y eso le confiere un valor universal. Nos parece que, si se consideraran las cosas de esta manera, el cumplimiento de las profecías aparecería con un sentido mucho más profundo que aquel al que se limita ordinariamente; y, hablando aquí de profecías, comprendemos en ellas igualmente todas las "prefiguraciones", que tienen, también ellas, un carácter verdaderamente profético.

A propósito de esta cuestión de las "prefiguraciones", se nos ha señalado un hecho notable: la cruz, en su forma habitual, la de la cruz misma de Cristo, se encuentra en los jeroglíficos egipcios con el sentido de "salvación" (por ejemplo en el nombre de Ptolomeo Soter). Este signo es claramente distinto de la "cruz ansada", que, por su lado, expresa la idea de "vida", y que fue por lo demás empleada como símbolo por los Cristianos de los primeros siglos. Se puede preguntar, además, si el primero de los dos jeroglíficos no tendría cierta relación con la figuración del Árbol de la Vida, lo que religaría una a la otra ambas formas diferentes de la cruz, puesto que su significación sería así en parte idéntica, y, en todo caso, hay entre las ideas de "vida" y de "salvación" una conexión evidente.

Tras estas consideraciones, debemos añadir que, si el árbol es uno de los símbolos principales del "Eje del Mundo", no es el único; la montaña lo es igualmente, y es común a muchas tradiciones diferentes; el árbol y la montaña son también asociados a veces uno al otro. La piedra misma (que puede además tomarse como una representación reducida de la montaña, bien que no sea únicamente eso) desempeña también la misma función en ciertos casos; y este símbolo de la piedra, como el del árbol, está muy frecuentemente en relación con la serpiente. Tendremos sin duda ocasión de hablar nuevamente de estas diversas figuras en otros estudios; pero tenemos que señalar desde ahora que, por lo mismo que se relacionan todas con el "Centro del Mundo", no carecen de un ligamen más o menos directo con el símbolo del corazón, de suerte que, en todo esto, no nos alejamos tanto del objeto propio de esta Revista como algunos podrían creer; y volvemos a ello de una manera más inmediata, para una última observación.

Decimos que, en cierto sentido, el Árbol de Vida se ha tornado accesible al hombre por la Redención; en otros términos, se podría decir también que el verdadero Cristiano es aquel que, virtualmente al menos, está reintegrado en los derechos y en la dignidad de la humanidad primordial, y que tiene, consecuentemente, la posibilidad de reentrar al Paraíso, en la "morada de inmortalidad". Sin duda, esta reintegración no se efectuará plenamente, para la humanidad colectiva, sino cuando "la Jerusalén nueva descenderá del cielo a la tierra" (Apocalipsis XXI), puesto que ello será la consumación perfecta del Cristianismo, coincidiendo con la restauración no menos perfecta del orden anterior a la caída. No es menos cierto que actualmente ya, la reintegración puede ser considerada individualmente, si no de una manera general; y tal es, pensamos nosotros, la significación más completa del "hábitat espiritual" en el Corazón de Cristo", del que hablaba recientemente L. Charbonneau-Lassay (enero de 1926), puesto que, como el Paraíso Terrestre, el Corazón de Cristo es verdaderamente el "Centro del Mundo" y la "morada de inmortalidad".

Capítulo VII

EL CORAZÓN IRRADIANTE
Y EL CORAZÓN EN LLAMAS

*Publicado en Regnabit, n° 11, abril de 1926.
No recopilado en ninguna otra compilación póstuma, si bien en
Symboles de la Science Sacrée se incluye un artículo con el mismo
título que es una entera reelaboración del presente.*

Hay palabras que, bajo la influencia de concepciones totalmente modernas, han sufrido en el uso corriente una extraña desviación y como un aminoramiento de su significado original; la palabra "corazón" está entre ellas. ¿Acaso no se acostumbra hoy, en efecto, a hacer de "corazón", cuando se emplea figuradamente, un sinónimo de "sentimiento"? Y, como ha observado muy justamente el R. P. Anizán (*Regnabit*, febrero de 1926) ¿no se debe a ello el que se considere generalmente el Sagrado Corazón sólo bajo el ángulo restringido de la "devoción", entendida como algo puramente afectivo? Tal manera de ver se ha impuesto hasta tal punto que se ha llegado a no percibir que la palabra "corazón" ha tenido antaño distintas acepciones; o, al menos, cuando se encuentran éstas en ciertos textos en donde son demasiado evidentes, se está persuadido de que no tienen allí más que significados excepcionales y, por así decir, accidentales.

De tal modo, en un libro reciente sobre el Sagrado Corazón, hemos podido con sorpresa observar lo siguiente: tras haber indicado que la palabra "corazón" es empleada para designar los sentimientos interiores, la sede del deseo, del sufrimiento, del afecto, de la conciencia moral, de la fuerza del alma[43], cosas todas de orden emotivo, se añade simplemente, en último lugar, que "significa incluso algunas veces, la inteligencia"[44]. Ahora bien, es este último sentido en realidad el primero, y, en los antiguos, ha sido siempre considerado en todas partes, como el sentido principal y fundamental, mientras que los otros, cuando se encuentran igualmente, no son más que secundarios y derivados y no representan apenas sino una extensión de la acepción primitiva.

Para los antiguos, en efecto, el corazón era el "centro vital", lo que es efectivamente primero en el orden fisiológico, y al mismo tiempo, por transposición o, si se quiere, por correspondencia analógica, representaba el centro del ser desde todos los puntos de vista, pero en primer lugar en el aspecto de la inteligencia; simbolizaba el punto de contacto del individuo con lo Universal, el lugar de comunicación con la Inteligencia divina misma; tal concepción se encuentra incluso entre los Griegos, en Aristóteles por ejemplo; y, por otra parte, es común a todas las doctrinas tradicionales de Oriente, donde desempeña un papel de los más importantes. Pensamos tener la ocasión de mostrar, en otros estudios, que es así particularmente entre los Hindúes; nos contentamos por el momento con señalar este hecho sin detenernos más. Se ha reconocido que "para los antiguos Egipcios, el corazón era tanto la sede de la inteligencia como del afecto"[45], es lo que

---

[43] La palabra *coraje* (*courage*) es efectivamente derivada de *corazón* (*coeur* en francés).

[44] R. P. A. Hamon, S. J., *Histoire de la Dévotion au Sacré-Coeur*, tomo 1, l'Aube, la Dévotion, Introduction, p. XVIII.

[45] E. Drioton, "La Vie spirituelle dans l'ancienne Égypte", en la *Revue de Philosophie*, noviembre-diciembre de 1925. Pero ¿por qué, tras haber hecho esta observación, decir solamente que la expresión "poner a Dios en su corazón" significaba "hacer de Dios el término constante de sus afectos y de sus deseos? ¿qué pasa con la inteligencia?

Charbonneau-Lassay recordaba últimamente aquí mismo (febrero de 1926, p. 210): "El sabio de Egipto no miraba solamente al corazón como el órgano afectivo del hombre, sino aún como la verdadera fuente de su inteligencia; para él, el pensamiento nacía de un movimiento del corazón y se exteriorizaba por la palabra, el cerebro sólo era considerado como una parada donde la palabra podía detenerse, pero que ella franquea frecuentemente con un impulso espontáneo. Entre los Árabes también, el corazón es considerado como la sede de la inteligencia, no de esta facultad totalmente individual que es la razón, sino de la Inteligencia universal (*El-Aqlu*) en sus relaciones con el ser humano, que ella penetra por el interior, puesto que reside así en su centro mismo y al que ella ilumina con su irradiación.

Esto da la explicación de un simbolismo que se encuentra muy frecuentemente, y según el cual el corazón es asimilado al sol y el cerebro a la luna. Y es que, en efecto, el pensamiento racional y discursivo, del cual el cerebro es el órgano o el instrumento, no es más que un reflejo de la inteligencia verdadera, como la luz de la luna no es más que un reflejo de la del sol. Este, incluso en el sentido físico, es verdaderamente el "Corazón del Mundo" al que él ilumina y vivifica: "¡Oh tú, cuya figura es un círculo deslumbrante, que es el Corazón del Mundo!", dice Proclo en su *Himno al Sol*. Y, conforme a la analogía constitutiva que existe entre el ser humano y el Mundo, entre el "Microcosmos" y el "Macrocosmos", como decían los hermetistas, la transposición que indicamos en todo momento se efectúa igualmente aquí; el sol representa el "Centro del Mundo", en todos los órdenes de existencia, de ahí el símbolo del "Sol espiritual", del que habremos de hablar de nuevo en la continuación de estos estudios.

Ahora, ¿cómo es que todo ello está tan completamente olvidado por los modernos y que éstos hayan llegado a cambiar el significado atribuido al corazón como antes decíamos? El error se debe sin duda en gran parte al "racionalismo", queremos decir a la tendencia a identificar pura y simplemente razón e inteligencia, a hacer de la razón toda la inteligencia, o al menos su parte superior, creyendo que nada hay por encima de la razón. Este racionalismo, del cual Descartes es el primer representante claramente caracterizado, ha penetrado desde hace tres siglos todo el pensamiento occidental; y no hablamos sólo del pensamiento propiamente filosófico, sino también del pensamiento común, que ha sido por él influido más o menos indirectamente. Descartes es quien ha pretendido situar en el cerebro la "sede del alma", porque ahí veía la sede del pensamiento racional; en efecto, a sus ojos todo era lo mismo, siendo el alma para él la "sustancia pensante" y no siendo más que eso. Esta concepción está lejos de ser tan natural como les parece a nuestros contemporáneos, que, por efecto del hábito, han devenido en su mayor parte tan incapaces de liberarse de él como de salir del punto de vista general del dualismo cartesiano, entre los dos términos del cual oscila toda la filosofía ulterior.

La consecuencia inmediata del racionalismo, es la negación o la ignorancia del intelecto puro y supra-racional, de la "intuición intelectual" que habían conocido la antigüedad y la Edad Media; de hecho, algunos filósofos de nuestra época intentan escapar al racionalismo y hablan incluso de "intuición", pero, por una singular inversión de las cosas, sólo consideran una intuición sensible e infra-racional. Desconocida así la inteligencia que reside en el corazón, y habiendo usurpado la razón que reside en el cerebro su papel iluminador, no quedaba al corazón más posibilidad que ser la sede de la afectividad; y es así como Pascal entiende ya al "corazón" en el sentido exclusivo de "sentimiento". Por otra parte, ha ocurrido lo siguiente: el mundo moderno ha visto nacer otra tendencia solidaria del racionalismo y que es como su contrapartida, lo que podemos denominar el "sentimentalismo", es decir, la tendencia a ver en el sentimiento lo que hay de más profundo y de más elevado en el ser, afirmando su supremacía sobre la inteligencia; y tal cosa sólo ha podido producirse porque la inteligencia había sido primero reducida a la sola razón. En ello como en muchos otros dominios, los modernos han perdido la noción del orden normal y el sentido de toda verdadera jerarquía; no saben ya poner cada cosa en su justo lugar; ¿cómo sorprenderse de que tantos de entre ellos no puedan reconocer el "Centro" hacia el cual deberían orientarse todas las potencias del ser?

Quizás algunos encontrarán que, presentando las cosas en resumen como acabamos de hacer, simplificamos un poco demasiado; y, sin duda, hay ahí algo demasiado complejo en realidad como para que pretendamos exponerlo completamente en algunas líneas; pero pensamos sin embargo que este resumen no altera la verdad histórica en sus rasgos esenciales. Reconocemos de buena gana que sería erróneo considerar a Descartes como el único responsable de toda la desviación intelectual del Occidente moderno, y que incluso, si ha podido ejercer tan gran influencia, es porque sus concepciones correspondían a un estado de espíritu que era ya el de su época, y al cual no ha hecho en suma más que dar una expresión definida y sistemática; pero precisamente por eso el nombre de Descartes toma en cierto modo figura de símbolo, y es por lo que ha podido servir mejor que cualquier otro para representar unas tendencias que existían sin duda antes que él, pero que no habían sido todavía formuladas como lo fueron en su filosofía.

Dicho esto, se puede plantear esta cuestión: para los modernos, el corazón se encuentra reducido a no designar más que el centro de la afectividad, pero, ¿no puede ser legítimamente considerado como tal, incluso para quienes representa antes que nada el centro de la inteligencia? En efecto, si es el centro del ser integral, debe serlo también en el aspecto bajo el aspecto de que se trata como desde cualquier otro punto de vista, y no vemos ningún inconveniente en reconocerlo; lo que nos parece inaceptable, es que tal interpretación se convierta en exclusiva o simplemente predominante. Para nosotros, la relación establecida con la afectividad, resulta directamente de la consideración del corazón como "centro vital", vida y afectividad siendo dos cosas muy próximas una a la otra, si no totalmente conectadas, mientras que la relación con la inteligencia implica una transposición en otro orden. Es así si se toma un punto de partida en el orden sensible, pero, si se desciende por el contrario de lo superior a lo inferior, del principio a las consecuencias, es el último aspecto el que, como decíamos al principio, es el primero, puesto que es el Verbo, es decir, la Inteligencia divina, que es verdaderamente el "Sol espiritual", el "Corazón del Mundo". Todo el resto, comprendido el papel fisiológico del corazón, tanto como la función física del sol, no es más que reflejo y símbolo de esta realidad suprema; y podrá recordarse, a este respecto, lo que hemos dicho anteriormente (enero de 1926) sobre la naturaleza considerada como símbolo de lo sobrenatural.

Conviene añadir que, en lo que acabamos de indicar no hemos entendido la afectividad más que en su sentido inmediato, literal si se quiere, y únicamente humano, y ese sentido es además el único en el cual piensan los modernos cuando emplean la palabra "corazón"; pero, algunos términos tomados de la afectividad, ¿no son susceptibles de transponerse analógicamente en un orden superior? Eso nos parece incontestable para palabras como Amor y Caridad; han sido empleadas así, manifiestamente, en ciertas doctrinas de la Edad Media, basándose además a este respecto sobre el evangelio mismo[46]; y, por otra parte, en muchos místicos, el lenguaje afectivo aparece sobre todo como un modo de expresión simbólica para cosas que, en sí mismas, son inexpresables. Algunos encontrarán quizá que no hacemos más

---

[46] Queremos aludir más particularmente a las tradiciones propias de las Órdenes de caballería, cuya base principal era el Evangelio de San Juan (la transposición analógica es aquí evidente), y el grito de guerra de los Templarios era "Viva Dios Santo Amor". Encontramos un eco muy claro de las doctrinas de que se trata en obras como la de Dante.

que enunciar aquí una verdad muy elemental; pero sin embargo no es inútil recordarla, pues, sobre el último punto, queremos decir, en lo que concierne a los místicos, los errores de los psicólogos muestran demasiado bien cuál es el estado de espíritu de la mayor parte de nuestros contemporáneos: no ven ahí otra cosa que sentimiento en el sentido más estrecho de la palabra, emociones y afectos puramente humanos relacionados tal cual a un objeto supra-humano.

Desde este nuevo punto de vista y con tal transposición, la atribución simultánea al corazón de la inteligencia y del amor se legitima mucho mejor y toma una significación mucho más profunda que en el punto de vista ordinario, pues hay entonces, entre esta inteligencia y este amor, una especie de complementarismo, como si lo que es así designado no representara en el fondo más que dos aspectos de un principio único; esto podrá comprenderse mejor, pensamos, refiriéndonos al simbolismo del fuego: Este simbolismo es tanto más natural y conviene tanto mejor cuanto que se trata del corazón, el cual, como "centro vital", es propiamente la morada del "calor animador"; es calentando el cuerpo como lo vivifica, así como hace el sol con respecto a nuestro mundo. Aristóteles asimila la vida orgánica al calor, y está de acuerdo en ello con todas las tradiciones orientales; Descartes mismo emplaza en el corazón un "fuego sin luz", pero que no es para él más que el principio de una teoría fisiológica exclusivamente "mecanicista" como toda su física, lo que, entiéndase bien, no corresponde para nada al punto de vista de los antiguos.

El fuego, según todas las tradiciones antiguas concernientes a los elementos, se polariza en dos aspectos complementarios que son la luz y el calor; e, incluso desde el simple punto de vista físico, esta manera de considerarlo se justifica perfectamente: esas dos cualidades fundamentales son por así decir, en su manifestación, en razón inversa una de otra, y es así cómo una llama es tanto más cálida cuanto menos luz proporciona. Pero el fuego en sí mismo, el principio ígneo en su naturaleza completa, es a la vez uno y otro de esos dos aspectos; de esta manera debe considerarse al fuego que reside en el corazón, cuando es tomado simbólicamente como el centro del ser total; y encontramos aún aquí una analogía con el sol, que no sólo calienta, sino que ilumina al mismo tiempo el mundo. Ahora bien, la luz es por todas partes y siempre el símbolo de la inteligencia y del conocimiento; en cuanto al calor, representa no menos naturalmente al amor. Incluso en el orden humano, se habla corrientemente del calor del sentimiento o del afecto, y tal es un indicio de la conexión que se establece espontáneamente entre la vida y la afectividad[47]; cuando se efectúe una transposición a partir de esta última, el símbolo del calor continuará siendo analógicamente aplicable. Por otro lado, hay que destacar bien esto: lo mismo que la luz y el calor, en la manifestación física del fuego, se separan uno del otro, el sentimiento no es verdaderamente más que un calor sin luz (y por ello los antiguos representaban al amor como ciego); se puede encontrar también en el hombre una luz sin calor, la de la razón, que no es sino una luz reflejada, fría como la luz lunar que la simboliza. En el orden de los principios, al contrario, los dos aspectos se reúnen indisolublemente, puesto que son constitutivos de una misma naturaleza esencial; el fuego que está en el centro del ser es pues a la vez luz y calor, es decir, inteligencia y amor; pero el amor del que entonces se trata difiere tanto del sentimiento al que se da el mismo nombre, como la inteligencia pura difiere de la razón[48].

---

[47] Se podría objetar que el principio del Evangelio de San Juan indica en cierto modo una identificación entre la vida y la luz, y no el calor; pero el término de "vida" no designa ahí la vida orgánica, está transpuesto para aplicarlo al Verbo considerado como principio de vida universal, y el Verbo es "Luz" porque es Inteligencia.

[48] Sabiendo que, entre los lectores de *Regnabit*, los hay que están al corriente de las teorías de una escuela cuyos trabajos, aunque muy interesantes y muy estimables desde muchos puntos de vista, piden sin embargo ciertas reservas, debemos decir que no podemos aceptar el empleo de los téminos *Aor* y *Agni* para designar los dos aspectos complementarios del fuego de los que se acaba de tratar. En efecto, la primera de las dos palabras es hebrea, mientras que la segunda es sánscrita,

Se puede comprender ahora que el Verbo divino, que es el "Corazón del Mundo", sea a la vez Inteligencia y Amor; incluso si no fuera la Inteligencia ante todo, no sería ya el Verbo verdaderamente. Por lo demás, si la Inteligencia no fuera atribuida verdaderamente al Corazón de Cristo, no vemos en qué sentido sería posible interpretar esta invocación de las letanías: "*Cor Iesu, in quo sont omnes thesauri sapientiae et scientiae absconditi*" sobre la cual nos permitimos atraer especialmente la atención de aquellos que no quieren ver en el Sagrado Corazón más que el objeto de una simple devoción sentimental.

Lo que es muy notable, es que los dos aspectos de los que acabamos de hablar tienen ambos su representación muy clara en la iconografía de Sagrado Corazón, bajo las formas respectivas del Corazón irradiante y el Corazón en llamas. La irradiación simboliza la luz, es decir, la Inteligencia, (y tal es, digámoslo de pasada, lo que, para nosotros, da al título de Sociedad de Irradiación Intelectual del Sagrado Corazón todo su significado). Igualmente, las llamas figuran el calor, es decir, el Amor; se sabe además que el amor, incluso en el sentido ordinario y humano, ha sido frecuentemente representado por el emblema de un corazón llameante. La existencia de estos dos géneros de representaciones para el Sagrado Corazón, está pues perfectamente justificada: podrá servir uno u otro, no indiferentemente, sino según se quiera poner de relieve más especialmente el aspecto de la Inteligencia o el del Amor.

Lo que conviene destacar también, es que el tipo del corazón

---

y no se pueden asociar así dos términos tomados de tradiciones diferentes, cualesquiera que sean las concordancias reales que existan entre ellas, e incluso la identidad que se oculta esencialmente bajo la diversidad de sus formas; no hay que confundir el "sincretismo" con la verdadera síntesis. Además, si *Aor* es exclusivamente la luz, *Agni* es el principio ígneo considerado íntegramente (siendo el *ignis* latino además exactamente la misma palabra), luego a la vez como luz y como calor, la restricción de este término para la designación del segundo aspecto es totalmente arbitraria e injustificada.

irradiante es al que pertenecen las más antiguas figuraciones conocidas del Sagrado Corazón, desde el Corazón de Chinon hasta el de Saint-Denis d'Orques[49]. Por el contrario, en las representaciones recientes, (entendemos por tales las que no remontan más allá del siglo XVII) es el corazón en llamas el que se encuentra de manera constante y casi exclusiva: Este hecho nos parece muy significativo: ¿no es un indicio del olvido en el que ha caído uno de los aspectos del simbolismo del Corazón, y precisamente aquel mismo al cual las épocas precedentes daban al contrario la importancia predominante? Aún hace falta felicitarse cuando este olvido no es acompañado del olvido del sentido superior del amor, desembocando en la concepción "sentimentalista", que no es solamente un aminoramiento, sino una verdadera desviación, demasiado común en nuestros días. Para reaccionar contra esta lamentable tendencia, lo que mejor puede hacerse, pensamos, es explicar tan completamente como es posible, el antiguo simbolismo del corazón, restituirle la plenitud de su significación (o más bien sus significados múltiples, pero armoniosamente concordantes), y destaca la figura del Corazón irradiante, que nos aparece como la imagen de un sol radiante, fuente y hogar de la Luz inteligible, de la pura y eterna Verdad. El sol, por lo demás, ¿no es también uno de los símbolos de Cristo (*Sol Iustitiae*), y uno de los que tienen más estrecha relación con el Sagrado Corazón?

---

[49] Rogamos a los lectores remitirse, a este respecto, a los muy importantes estudios que el Sr. Charbonneau-Lassay ha dedicado, en *Regnabit*, a la iconografía antigua del Sagrado Corazón, y a las reproducciones incluidas.

Capítulo VIII

LA IDEA DEL CENTRO EN LAS TRADICIONES ANTIGUAS

Publicado originalmente en Regnabit, mayo de 1926.
Recopilado también en Symboles de la Science sacrée.

Al final de uno de nuestros últimos artículos (marzo de 1926), hacemos alusión al "Centro del Mundo" y a los diversos símbolos que lo representan; nos es preciso volver sobre esa idea de Centro, que tiene la máxima importancia en todas las tradiciones antiguas, e indicar algunas de las principales significaciones vinculadas con ella. Para los modernos, en efecto, esa idea no evoca ya inmediatamente lo que evocaba para los antiguos; en ello como en todo lo que atañe al simbolismo, muchas cosas se han olvidado y ciertos modos de pensamiento parecen haberse hecho totalmente extraños a la gran mayoría de nuestros contemporáneos; conviene, pues, insistir sobre el punto, tanto más cuanto que la incomprensión es más general y más completa a ese respecto.

El Centro es, ante todo, el origen, el punto de partida de todas las cosas; es el punto *principial*, sin forma ni dimensiones, por lo tanto indivisible, y, por consiguiente, la única imagen que pueda darse de la Unidad primordial. En él, por su irradiación, son producidas todas las cosas, así como la Unidad produce todos los números, sin que por ello su esencia quede modificada o afectada en manera alguna. Hay aquí un paralelismo completo entre dos modos de expresión: el simbolismo geométrico y el simbolismo numérico, de tal modo que se los puede emplear indiferentemente y que inclusive se pasa de uno al otro de la manera más natural. No hay que olvidar, por lo demás, que en uno como en otro caso se trata siempre de simbolismo: la unidad aritmética no es la Unidad metafísica; no es sino una figura de ella, pero una figura en la cual no hay nada de arbitrario, pues existe entre una y otra una relación analógica real, y esta relación es lo que permite transponer la idea de la Unidad más allá del dominio cuantitativo, al orden trascendental. Lo mismo ocurre con la idea del Centro; éste es capaz de una transposición semejante, por la cual se despoja de su carácter espacial, el cual ya no se evoca sino a título de símbolo: el punto central es el Principio, el Ser puro; y el espacio que colma con su irradiación, y que no es sino esa irradiación misma (el *Fiat Lux* del Génesis), sin la cual tal espacio no sería sino "privación" y nada, es el Mundo en el sentido más amplio del término, el conjunto de todos los seres y todos los estados de Existencia que constituyen la manifestación universal.

La representación más sencilla de la idea que acabamos de formular es el punto en el centro del círculo (fig. 1): el punto es el emblema del Principio, y el circulo el del Mundo. Es imposible asignar al empleo de esta figuración ningún origen en el tiempo, pues se la encuentra con frecuencia en objetos prehistóricos; sin duda, hay que ver en ella uno de los signos que se vinculan directamente con la tradición primordial. A veces, el punto está rodeado de varios círculos concéntricos; que parecen representar los diferentes estados o grados de la existencia manifestada, dispuestos jerárquicamente según su mayor o menor alejamiento del Principio primordial. El punto en el centro del círculo se ha tomado también, probablemente desde una época muy antigua, como una figura del sol, porque éste es verdaderamente, en el orden físico, el Centro o el "Corazón del Mundo", como hemos explicado recientemente (abril de 1926); y esa figura ha permanecido hasta nuestros días como signo astrológico y astronómico usual del sol. Quizá por esta razón los arqueólogos, dondequiera encuentran ese símbolo, pretenden asignarle una significación exclusivamente "solar", cuando en realidad tiene un sentido mucho más vasto y profundo; olvidan o ignoran que el sol, desde el punto de vista de todas las tradiciones antiguas, no es él mismo sino un símbolo, el del verdadero "Centro del Mundo" que es el Principio divino.

La relación existente entre el centro y la circunferencia, o entre lo que respectivamente representan, está ya bien claramente indicada por el hecho de que la circunferencia no podría existir sin su centro, mientras que éste es absolutamente independiente de aquélla. Tal relación puede señalarse de manera aún más clara y explícita por medio de radios que salen del centro y terminan en la circunferencia; esos radios pueden, evidentemente, figurarse en numero variable, puesto que son realmente en multitud indefinida, al igual que los puntos de la circunferencia que son sus extremidades; pero, de hecho, siempre se han elegido para figuraciones de ese género números que tienen de por sí un valor simbólico particular. Aquí, la forma más sencilla es la que presenta solamente cuatro radios que dividen la circunferencia en partes iguales, es decir, dos diámetros ortogonales que forman una cruz en el interior del círculo (fig. 2). Esta nueva figura tiene la misma significación general que la primera, pero se le agregan significaciones secundarias que vienen a completarla: la circunferencia, si se la representa como recorrida en determinado sentido, es la imagen de un ciclo de manifestación, como esos ciclos cósmicos de los que particularmente la doctrina hindú ofrece una teoría en extremo desarrollada. Las divisiones determinadas sobre la circunferencia por las extremidades de los brazos de la cruz corresponden entonces a los diferentes períodos o fases en que se divide el ciclo; y tal división puede encararse, por así decirlo, a escalas diversas, según se trate de ciclos más o menos extensos: se tendrá así, por ejemplo, y para atenernos sólo al orden de la existencia terrestre, los cuatro momentos principales del día, las cuatro fases de la luna, las cuatro estaciones del año, y también, según la concepción que encontramos tanto en las tradiciones de la India y de América Central como en las de la Antigüedad grecolatina, las cuatro edades de la humanidad. No hacemos aquí más que indicar someramente estas consideraciones, para dar una idea de conjunto de lo que expresa el símbolo en cuestión; están, por otra parte, vinculadas directamente con lo que diremos enseguida.

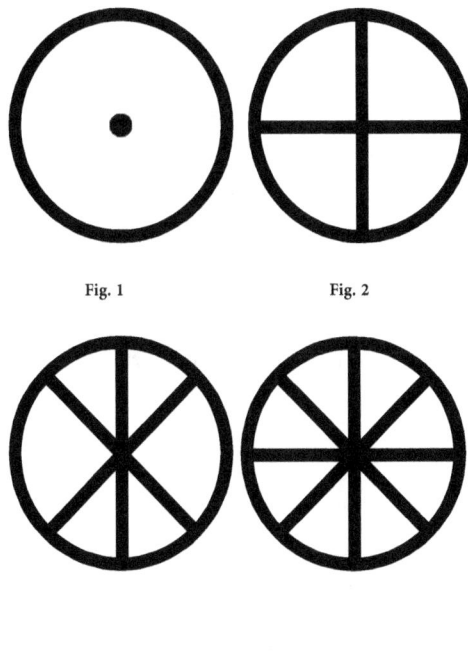

Fig. 1   Fig. 2

Fig. 3   Fig. 4

Entre las figuras que incluyen un número mayor de radios debemos mencionar especialmente las ruedas o "rodelas", que tienen habitualmente seis u ocho (figuras 3 y 4). La "rodela céltica", que se ha perpetuado a través de casi todo el Medioevo, se presenta en una de esas dos formas; estas mismas figuras, sobre todo la segunda, se encuentran también muy a menudo en los países orientales, particularmente en Caldea y en Asiria, en la India (donde la rueda se llama *chakra*) y en el Tíbet. Hemos mostrado recientemente (noviembre de 1925), el estrecho parentesco existente entre la rueda de seis rayos y el crismón, el cual, en suma, no difiere de aquella sino en el hecho de que la circunferencia a que pertenecen las extremidades de los rayos no está trazada de ordinario; ahora bien: la rueda, en lugar de ser simplemente un signo "solar", como se enseña comúnmente en nuestra época, es ante todo un símbolo del Mundo, lo que podrá comprenderse sin dificultad. En el lenguaje simbólico de la India, se habla constantemente de la "rueda de las cosas" o de la "rueda de la vida", lo cual corresponde nítidamente a esa significación; y también se encuentra la "rueda de la Ley", expresión que el Budismo ha tomado, como tantas otras, de las doctrinas anteriores, y que por lo menos originariamente se refiere sobre todo a las teorías cíclicas. Debe agregarse aún que el Zodíaco también está representado en forma de una rueda, de doce rayos, naturalmente, y que, por otra parte, el nombre que se le da en sánscrito significa literalmente "rueda de los signos"; se podría también traducirlo por "rueda de los números", según el sentido primero de la palabra *râshi*, con que se designan los signos del Zodíaco[50].

En el artículo al que aludíamos en todo momento (noviembre de 1925), hemos notado la conexión existente entre la rueda y diversos símbolos florales; habríamos podido hablar, inclusive, para ciertos casos al menos, de una verdadera equivalencia[51]. Si se considera una flor simbólica como el loto, el lirio o la rosa[52], su abrirse representa,

---

[50] Notemos igualmente que la "rueda de la Fortuna", en el simbolismo de la antigüedad occidental, tiene relaciones muy estrechas con la "rueda de la Ley" y también, aunque ello quizá no aparezca tan claro a primera vista, con la rueda zodiacal.

[51] Entre otros indicios de esta equivalencia, por lo que se refiere al Medioevo, hemos visto la rueda de ocho rayos y una flor de ocho pétalos figuradas una frente a otra en una misma piedra esculpida encastrada en la fachada de la antigua iglesia de Saint-Mexme de Chinon, piedra que data muy probablemente de la época carolingia.

[52] El lirio tiene seis pétalos; el loto, en las representaciones de tipo más corriente, tiene ocho; las

entre otras cosas (pues se trata de símbolos de significaciones múltiples), y por una similitud bien comprensible, el desarrollo de la manifestación; ese abrirse es, por lo demás, una irradiación en torno del centro, pues también en este caso se trata de figuras "centradas", y esto es lo que justifica su asimilación a la rueda[53]. En la tradición hindú, el Mundo se representa a veces en forma de un loto en cuyo centro se eleva el *Mêru*, la Montaña sagrada que simboliza al Polo.

Pero volvamos a las significaciones del Centro, pues hasta ahora no hemos expuesto, en suma, sino la primera de todas, la que hace de él la imagen del Principio; encontraremos otra en el hecho de que el Centro es propiamente el "medio", el punto equidistante de todos los puntos de la circunferencia, y divide todo diámetro en dos partes iguales. En lo que precede, se consideraba el Centro, en cierto modo, antes que la circunferencia, la cual no tiene realidad sino por la irradiación de aquél; ahora, se lo encara con respecto a la circunferencia realizada, es decir que se trata de la acción del Principio en el seno de la Creación. El medio entre los extremos representado por puntos opuestos de la circunferencia es el lugar donde las tendencias contrarias, llegando a esos extremos, se neutralizan, por así decirlo, y se hallan en perfecto equilibrio. Ciertas escuelas de esoterismo musulmán, que atribuyen a la cruz un valor simbólico de la mayor importancia, llaman "estación divina" (*el-maqâmu-l-ilâhî*) al centro de esa cruz, al cual designan como el lugar en que se unifican todos los contrarios, en que se resuelven todas las oposiciones. La idea

---

dos formas corresponden, pues, a ruedas de seis y ocho rayos, respectivamente. En cuanto a la rosa, se la figura con un número de pétalos variable, que puede modificar su significación o por lo menos matizarla diversamente. Sobre el simbolismo de la rosa, véase el interesantísimo artículo de L. Charbonneau-Lassay (*Regnabit*, marzo de 1926).

[53] En la figura del Crismón con la rosa, de época merovingia, que ha sido reproducida por L. Charbonneau-Lassay (*Regnabit*, marzo de 1926, pág. 298), la rosa central tiene seis pétalos orientados según las ramas del crisma; además, éste está encerrado en un círculo, lo que hace aparecer del modo más nítido posible su identidad con la rueda de seis rayos.

que se expresa más particularmente aquí es, pues, la de equilibrio, y esa idea se identifica con la de la armonía; no son dos ideas diferentes, sino solamente dos aspectos de la misma. Hay aún un tercer aspecto de ella, más particularmente vinculado con el punto de vista moral (aunque capaz de recibir otras significaciones), y es la idea de justicia; se puede así relacionar lo que estábamos diciendo con la concepción platónica según la cual la virtud consiste en un justo niedio entre dos extremos. Desde un punto de vista mucho más universal, las tradiciones extremo-orientales hablan sin cesar del "Invariable Medio", que es el punto donde se manifiesta la "Actividad del Cielo", y, según la doctrina hindú, en el centro de todo ser, como de todo estado de existencia cósmica, reside un reflejo del Principio supremo.

El equilibrio, por otra parte, no es en verdad sino el reflejo, en el orden de la manifestación, de la inmutabilidad absoluta del Principio; para encarar las cosas según esta nueva relación, es preciso considerar la circunferencia en movimiento en torno de su centro, punto único que no participa de ese movimiento. El nombre mismo de la rueda (*rota*) evoca inmediatamente la idea de rotación; y esta rotación es la figura del cambio continuo al cual están sujetas todas las cosas manifestadas; en tal movimiento, no hay sino un punto único que permanece fijo e inmutable, y este punto es el Centro. Esto nos reconduce a las concepciones cíclicas, de las que hemos dicho unas palabras poco antes: el recorrido de un ciclo cualquiera, o la rotación de la circunferencia, es la sucesión, sea en el modo temporal, sea en cualquier otro modo; la fijeza del Centro es la imagen de la eternidad, donde todas las cosas son presentes en simultaneidad perfecta. La circunferencia no puede girar sino en torno de un centro fijo; igualmente, el cambio, que no se basta a sí mismo, supone necesariamente un principio que esté fuera de él: es el "motor inmóvil" de Aristóteles, también representado por el Centro. El Principio inmutable, pues, al mismo tiempo, y ya por el hecho de que todo cuanto existe, todo cuanto cambia o se mueve, no tiene realidad sino por él y depende totalmente de él, es lo que da al movimiento su impulso primero y también lo que enseguida lo gobierna y dirige y legisla, pues la conservación del orden del Mundo no es, en cierto modo, sino una prolongación del acto creador. El Principio es, según la expresión hindú, el "ordenador interno" (*antar-yâmi*), pues dirige todas las cosas desde el interior, residiendo él mismo en el punto más íntimo de todos, que es el Centro.

En vez de la rotación de una circunferencia en torno de su centro, puede también considerarse la de una esfera en torno de un eje fijo; la significación simbólica es exactamente la misma. Por eso las representaciones del "Eje del Mundo", de las que ya hemos hablado (diciembre de 1925 y marzo de 1926), son tan frecuentes e importantes en todas las tradiciones antiguas; y el sentido general es en el fondo el mismo que el de las figuras del "Centro del Mundo", salvo quizá en que evocan más directamente el papel del Principio inmutable con respecto a la manifestación universal que los otros aspectos en que el Centro puede ser igualmente considerado. Cuando la esfera, terrestre o celeste, cumple su revolución en torno de su eje, hay en esta esfera dos puntos que permanecen fijos: son los polos, las extremidades del eje o sus puntos de encuentro con la superficie de la esfera; por eso la idea de Polo es también un equivalente de la idea de Centro. El simbolismo que se refiere al Polo, que reviste a veces formas muy complejas, se encuentra también en todas las tradiciones, e inclusive tiene en ellas un lugar considerable; si la mayoría de los científicos modernos no lo han advertido, ello es una prueba más de que la verdadera comprensión de los símbolos les falta por completo.

Una de las figuras más notables, en la que se resumen las ideas que acabamos de exponer, es, la de la esvástica (figuras 5 y 6), que es esencialmente el "signo del Polo"[54]; creemos, por otra parte, que en la

---

[54] En Occidente, la esvástica es frecuentemente designada con el nombre de "cruz gamada", porque

Europa moderna nunca se ha hecho conocer hasta ahora su verdadera significación. Se ha tratado inútilmente de explicar este símbolo por medio de las teorías más fabuladoras; hasta se ha llegado a ver en él el esquema de un instrumento primitivo destinado a la producción del fuego; en verdad, si a veces existe en efecto alguna relación con el fuego, es por razones muy diferentes. Lo más a menudo, se hace de la esvástica un signo "solar"; si ha podido llegar a serlo, sólo pudo ocurrir accidentalmente y de un modo muy indirecto: podríamos repetir aquí lo que decíamos antes acerca de la rueda y del punto en el centro del circulo. Más cerca de la verdad han estado quienes han visto en la esvástica un símbolo del movimiento, pero esta interpretación es aún insuficiente, pues no se trata de un movimiento cualquiera, sino de un movimiento de rotación que se cumple en torno de un centro o de un eje inmutable; y precisamente el punto fijo es el elemento esencial al cual se refiere directamente el símbolo en cuestión. Los demás significados que comporta la misma figura derivan todos de aquél: el Centro imprime a todas las cosas el movimiento y, como el movimiento representa la vida, la esvástica se hace por eso mismo un símbolo de la vida o, más exactamente, del papel vivificador del Principio con respecto al orden cósmico.

Si comparamos la esvástica con la figura de la cruz inscrita en la circunferencia (fig. 2), podemos advertir que se trata, en el fondo, de dos símbolos equivalentes; pero la rotación, en vez de estar representada por el trazado de la circunferencia, está solamente indicada en la esvástica por las líneas agregadas a las extremidades de los brazos de la cruz, con los cuales forman ángulos rectos; esas líneas son tangentes a la circunferencia que marcan la dirección del movimiento en los puntos correspondientes. Como la circunferencia representa el Mundo; el hecho de que esté, por así decirlo,

---

cada una de sus ramas tiene la forma de la letra griega gamma.

sobreentendida indica con toda nitidez que la esvástica no es una figura del Mundo, sino de la acción del Principio con respecto a él[55].

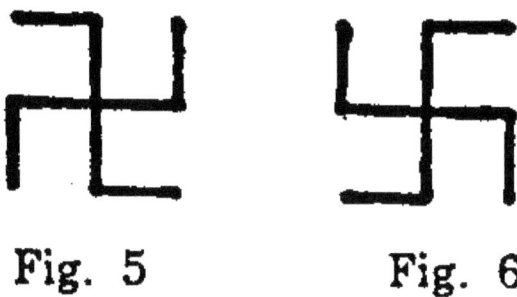

Fig. 5   Fig. 6

Si la esvástica se pone en relación con la rotación de una esfera, tal como la esfera celeste, en torno de su eje, el símbolo ha de suponerse trazado en el plano ecuatorial, y entonces el punto central será la proyección del eje sobre ese plano, que le es perpendicular. En cuanto al sentido de la rotación indicado por la figura, no tiene importancia sino secundaria; de hecho, se encuentran las dos formas que acabamos de reproducir[56], sin que haya de verse en todos los casos la intención de establecer entre ellas una oposición[57].

---

[55] La misma observación valdría igualmente para el Crismón comparado con la rueda.

[56] La palabra *svástika* es, en sánscrito, la única que sirve en todos los casos para designar el símbolo de que se trata; el término *sauvástika*, que algunos han aplicado a una de las dos formas para distinguirla de la otra (la cual sería entonces la verdadera esvástica), no es en realidad sino un adjetivo derivado de *svástika* y significa 'perteneciente o relativo a ese símbolo o a sus significaciones.

[57] La misma observación podría hacerse con respecto a otros símbolos, y en particular al Crismón constantiniano, en el cual la *P* ['ro'] se encuentra a veces invertida; a veces se ha pensado que debía considerarse entonces como un signo del Anticristo; ésta intención puede efectivamente haber existido en ciertos casos, pero hay otros en que es manifiestamente imposible admitirla (en las catacumbas, por ejemplo). Asimismo, el "cuatro de cifra" corporativo, que no es, por lo demás, sino una modificación de la misma *P* del Crismón (véase nuestro artículo de noviembre de 1925), se encuentra indiferentemente vuelta en uno u otro sentido, sin que siquiera se pueda atribuir ese hecho a una rivalidad entre corporaciones diversas o a su deseo de distinguirse mutuamente,

Sabemos bien que, en ciertos países y en ciertas épocas, han podido producirse cismas cuyos partidarios dieran deliberadamente a la figura una orientación contraria a la que estaba en uso en el medio del cual se separaban, para afirmar su antagonismo por medio de una manifestación exterior; pero ello en nada afecta a la significación esencial del símbolo, que permanece constante en todos los casos.

La esvástica está lejos de ser un símbolo exclusivamente oriental, como a veces se cree; en realidad, es uno de los más generalmente difundidos, y se lo encuentra prácticamente en todas partes, desde el Extremo Oriente hasta el Extremo Occidente, pues existe inclusive entre ciertos pueblos indígenas de América del Norte. En la época actual, se ha conservado sobre todo en la India y en Asia central y oriental, y probablemente sólo en estas regiones se sabe todavía lo que significa; sin embargo, ni aun en Europa misma ha desaparecido del todo[58]. En Lituania y Curlandia, los campesinos aún trazan ese signo en sus moradas; sin duda, ya no conocen su sentido y no ven en él sino una especie de talismán protector; pero lo que quizá es más curioso todavía es que le dan su nombre sánscrito de *svâstika*[59]. En la Antigüedad, encontramos ese signo particularmente entre los Celtas y en la Grecia prehelénica[60] y, aún en Occidente, como lo ha dicho L. Charbonneau-Lassay (marzo de 1926, pp. 302-303) fue antiguamente

---

puesto que ambas formas aparecen en marcas pertenecientes a un mismo gremio.

[58] No aludimos aquí al uso enteramente artificial de la esvástica, especialmente por parte de ciertos grupos políticos alemanes, que han hecho de él con toda arbitrariedad un signo de antisemitismo, so pretexto de que ese emblema sería propio de la pretendida "raza aria"; todo esto es pura fantasía.

[59] El lituano es, por lo demás, de todas las lenguas europeas, la que tiene más semejanza con el sánscrito.

[60] Existen diversas variantes de la esvástica, por ejemplo una forma de ramas curvas (con la apariencia de dos eses cruzadas), que hemos visto particularmente en una moneda gala. Por otra parte, ciertas figuras que no han conservado sino un carácter puramente decorativo, como aquella a la que se da el nombre de "greca", derivan originariamente de la esvástica.

uno de los emblemas de Cristo y permaneció en uso como tal hasta fines del Medioevo. Como el punto en el centro del circulo y como la rueda, ese signo se remonta incontestablemente a las épocas prehistóricas; por nuestra parte, vemos en él, sin la menor duda, uno de los vestigios de la tradición primordial.

Aún no hemos terminado de indicar todas las significaciones del Centro: si primeramente es un punto de partida, es también un punto de llegada; todo ha salido de él, todo debe a él finalmente retornar. Puesto que todas las cosas solamente existen por el Principio, sin el cual no podrían subsistir, debe haber entre ellas y él un vínculo permanente, figurado por los radios que unen con el centro todos los puntos de la circunferencia; pero estos radios pueden recorrerse en dos sentidos opuestos: primero del centro a la circunferencia, después retornando desde la circunferencia hacia el centro. Son como dos fases complementarias, la primera de las cuales está representada por un movimiento centrífugo y la segunda por un movimiento centrípeto; estas dos fases pueden compararse a las de la respiración, según un simbolismo al cual se refieren a menudo las doctrinas hindúes; y, por otra parte, hay también una analogía no menos notable con la función fisiológica del corazón. En efecto, la sangre parte del corazón, se difunde por todo el organismo, vivificándolo, y después retorna; el papel del corazón como centro orgánico es, pues, verdaderamente completo y corresponde por entero a la idea que, de modo general, debemos formarnos del Centro en la plenitud de su significación.

Todos los seres, que en todo lo que son dependen de su Principio, deben, consciente o inconscientemente, aspirar a retornar a él; esta tendencia al retorno hacia el Centro tiene también, en todas las tradiciones, su representación simbólica. Queremos referirnos a la orientación ritual, que es propiamente la dirección hacia un centro espiritual, imagen terrestre y sensible del verdadero "Centro del Mundo"; la orientación de las iglesias cristianas no es, en el fondo, sino un caso particular de ese simbolismo, y se refiere esencialmente a la misma idea, común a todas las religiones. En el Islam, esa orientación (*qiblah*) es como la materialización, si así puede decirse, de la intención (*niyyah*) por la cual todas las potencias del ser deben ser dirigidas hacia el Principio divino[61]; y sería fácil encontrar muchos otros ejemplos. Mucho habría que decir sobre este asunto; sin duda tendremos algunas oportunidades de volver sobre él en la continuación de estos estudios, y por eso nos contentamos, por el momento, con indicar de modo más breve el último aspecto del simbolismo del Centro.

En resumen, el Centro es a la vez el principio y el fin de todas las cosas; es, según un simbolismo muy conocido, el *alfa* y el *omega*. Mejor aún, es el principio, el centro y el fin; y estos tres aspectos están representados por los tres elementos del monosílabo *Aum*, al cual L. Charbonneau-Lassay había aludido como emblema de Cristo (marzo de 1926, p. 303), y cuya asociación con la esvástica entre los signos del monasterio de los Carmelitas de Loudun nos parece particularmente significativa. En efecto, ese símbolo, mucho más completo que el *alfa* y el *omega*, y capaz de significaciones que podrían dar lugar a desarrollos casi indefinidos, es, por una de las concordancias más asombrosas que puedan encontrarse, común a la antigua tradición hindú y al esoterismo cristiano del Medioevo; y, en uno y otro caso, es igualmente y por excelencia un símbolo del Verbo, el cual es real y verdaderamente el "Centro del Mundo".

---

[61] La palabra "intención" debe tomarse aquí en su sentido estrictamente etimológico (de *in-tendere*, 'tender hacia').

Capítulo IX

LA REFORMA DE LA MENTALIDAD MODERNA

Publicado originalmente en Regnabit, junio de 1926. Texto de una comunicación del autor a la jornada de estudios del 6 de mayo de 1926 organizada por la Sociedad de la Irradiación Intelectual del Sagrado Corazón. Retomado en este volumen y en Symboles de la Science Sacrée.

La civilización moderna aparece en la historia como una verdadera anomalía: de todas las que conocemos, es la única que se haya desarrollado en un sentido puramente material, la única también que no se apoye en ningún principio de orden superior. Este desarrollo material, que continúa desde hace ya varios siglos y que va acelerándose más y más, ha sido acompañado de una regresión intelectual, que ese desarrollo es harto incapaz de compensar. Se trata, entiéndase bien, de la verdadera y pura intelectualidad, que podría igualmente llamarse espiritualidad, y nos negamos a dar tal nombre a aquello a que los modernos se han aplicado sobre todo: el cultivo de las ciencias experimentales con vistas a las aplicaciones prácticas a que ellas pueden dar lugar. Un solo ejemplo permitiría medir la amplitud de esa regresión: la *Suma Teológica* de Santo Tomás de Aquino era, en su tiempo, un manual para uso de estudiantes; ¿dónde están hoy los estudiantes capaces de profundizarla y asimilársela?

La decadencia no se ha producido de súbito; podrían seguirse sus etapas a través de toda la filosofía moderna. Es la pérdida o el olvido de la verdadera intelectualidad lo que ha hecho posibles esos dos errores que no se oponen sino en apariencia, que son en realidad correlativos y complementarios: racionalismo y sentimentalismo. Desde que se negaba o ignoraba todo conocimiento puramente intelectual, como se ha hecho desde Descartes, debía lógicamente desembocarse, por una parte, en el positivismo, el agnosticismo y todas las aberraciones "cientificistas", y, por otra, en todas las teorías contemporáneas que, no contentándose con lo que la razón puede dar, buscan otra cosa, pero la buscan por el lado del sentimiento y del instinto, es decir, por debajo y no por encima de la razón, y llegan, con Williams James, por ejemplo, a ver en la subconsciencia el medio por el cual el hombre puede entrar en comunicación con lo Divino. La noción de la verdad, después de haber sido rebajada a mera representación de la realidad sensible, es finalmente identificada por el pragmatismo con la utilidad, lo que equivale a suprimirla pura y simplemente; en efecto, ¿qué importa la verdad en un mundo cuyas aspiraciones son únicamente materiales y sentimentales?

No es posible desarrollar aquí todas las consecuencias de semejante estado de cosas; limitémonos a indicar algunas, entre ellas las que se refieren más particularmente al punto de vista religioso. Ante todo, es de notar que el desprecio y la repulsión experimentados por los demás pueblos, los orientales sobre todo, con respecto a los occidentales, provienen en gran parte de que éstos se les aparecen en general como hombres sin tradición, sin religión, lo que es a sus ojos una verdadera monstruosidad. Un oriental no puede admitir una organización social que no descanse sobre principios tradicionales; para un musulmán, por ejemplo, la legislación íntegra no es sino una simple dependencia de la religión. Otrora, ha sido lo mismo en Occidente; piénsese en lo que era la Cristiandad en la Edad Media; pero hoy las relaciones se han invertido. En efecto, se encara ahora la religión como un simple hecho social; en vez de que el orden social íntegro esté vinculado a la religión, ésta, al contrario, cuando aún se consiente en otorgarle un sitio, no se ve ya sino como uno cualquiera de los elementos constituyentes del orden social; y ¡cuántos católicos, ay, admiten sin la menor dificultad este modo de ver! Es tiempo de reaccionar contra esta tendencia y, a este respecto, la afirmación del Reino social de Cristo es una manifestación particularmente oportuna; pero, para hacer de ella una realidad, es preciso reformar toda la mentalidad moderna.

No hay que disimularlo: aquellos mismos que se creen sinceramente. religiosos, en su mayor parte no tienen de la religión sino una idea harto disminuida; ella no ejerce apenas influjo efectivo sobre su pensamiento ni su modo de obrar; está como separada de todo el resto de su existencia. Prácticamente, creyentes e incrédulos se comportan aproximadamente de la misma manera; para muchos católicos, la afirmación de lo sobrenatural no tiene sino un valor puramente teórico, y se sentirían harto incómodos de haber de verificar un hecho milagroso. Esto es lo que podría llamarse un materialismo práctico, un materialismo de hecho; ¿no es más peligroso aún que el materialismo confesado, precisamente porque aquellos a quienes afecta no tienen siquiera conciencia de ello?

Por otra parte, para la gran mayoría, la religión no es sino asunto del sentimiento, sin ningún alcance intelectual; se confunde la religión con una vaga religiosidad, se la reduce a una moral; se disminuye lo más posible el lugar de la doctrina, que es empero, lo absolutamente esencial, aquello de lo cual todo el resto no debe lógicamente ser sino consecuencia. A este respecto, el protestantismo, que termina siendo un puro y simple "moralismo", es muy representativo de las tendencias del espíritu moderno; pero seria gran error creer que el propio catolicismo no esté afectado por las mismas tendencias, no en su principio, ciertamente, pero sí en la manera en que se presenta de ordinario: so pretexto de hacerlo aceptable a la mentalidad actual, se entra en las concesiones más fastidiosas, y se alienta así lo que debería, al contrario, combatirse enérgicamente. No insistiremos sobre la ceguera de quienes, so pretexto de "tolerancia", se tornan cómplices inconscientes de verdaderas falsificaciones de la religión, cuya intención oculta están lejos de suponer. Señalemos solamente de paso, a este propósito, el abuso deplorable que harto frecuentemente se hace de la palabra "religión" misma: ¿no se emplean a cada momento expresiones como "religión de la patria", "religión de la ciencia", "religión del deber"? No son simples negligencias de lenguaje: son síntomas de la confusión que reina por doquier en el mundo moderno, pues el lenguaje no hace, en suma, sino representar fielmente el estado de las mentes; y tales expresiones son incompatibles con el verdadero sentido religioso.

Pero procedamos a lo que hay de más esencial: queremos referirnos al debilitamiento de la enseñanza doctrinal, casi totalmente reemplazada por vagas consideraciones morales y sentimentales, que quizá complazcan más a algunos, pero que, al mismo tiempo, no pueden sino repeler y alejar a quienes tienen aspiraciones de orden intelectual; y, pese a todo, los hay todavía en nuestra época. Lo prueba el que algunos, más numerosos aún de lo que podría creerse, deploran esa falta de doctrina; y vemos un signo favorable, pese a las apariencias, en el hecho de que, desde diversas direcciones, se toma más conciencia de ello hoy que algunos años atrás. Ciertamente, es erróneo pretender, según lo hemos oído con frecuencia, que nadie comprendería una exposición de pura doctrina; en primer lugar, ¿por qué querer siempre atenerse al nivel más bajo, so pretexto de que es el de la mayoría, como si hubiese de considerarse la cantidad más bien que la calidad? ¿No es ello una consecuencia de ese espíritu democrático que constituye uno de los aspectos característicos de la mentalidad moderna? Y, por otra parte, ¿se cree que tanta gente sería realmente incapaz de comprender, si se la hubiera habituado a una enseñanza doctrinal? ¿No ha de pensarse, incluso, que quienes no comprendieran todo obtendrían empero cierto beneficio, quizá mayor de lo que se supone?

Pero sin duda el obstáculo más grave es esa especie de desconfianza de que se da muestras; en demasiados medios católicos, y aun eclesiásticos, con respecto a la intelectualidad en general; dice él más grave, porque es una señal de incomprensión hasta entre aquellos mismos a quienes incumbe la tarea de enseñanza. Han sido tocados por el espíritu moderno hasta el punto de no saber ya, lo mismo que los filósofos a los cuales antes aludíamos, lo que es la intelectualidad verdadera, hasta el punto de confundir a veces intelectualismo con racionalismo, facilitando así involuntariamente el juego a los adversarios. Nosotros pensamos, precisamente, que lo que importa ante todo es restaurar esa verdadera intelectualidad, y con ella el sentido de la doctrina y de la tradición; es hora de mostrar que hay en la religión otra cosa que un asunto de devoción sentimental, otra cosa también que preceptos morales o consolaciones para uso de espíritus debilitados por el sufrimiento; que puede encontrarse en ella el "sólido alimento" de que habla san Pablo en la *Epistola a los Hebreos*.

Bien sabemos que esto tiene el inconveniente de ir contra ciertos hábitos adquiridos y de los que es difícil liberarse; y sin embargo, no se trata de innovar: lejos de ello, se trata al contrario de retornar a la tradición de que se han apartado, de recobrar lo que se ha dejado perder. ¿No valdría esto más que hacer al espíritu moderno las concesiones más injustificadas, por ejemplo las que se encuentran en tanto tratado de apologética, donde el autor se esfuerza por conciliar el dogma con todo lo que de más hipotético y menos fundado hay en la ciencia actual, para volver a poner en cuestión todo, cada vez que esas teorías sedicentemente científicas vienen a ser reemplazadas por otras? Sería muy fácil, empero, mostrar que la religión y la ciencia no pueden entrar realmente en conflicto, por la sencilla razón de que no se refieren al mismo dominio. ¿Cómo no se advierte el peligro que existe en parecer buscar, para la doctrina que concierne a las verdades inmutables y eternas, un punto de apoyo en lo que hay de más cambiante e incierto? ¿Y qué pensar de ciertos teólogos católicos afectados por el espíritu "cientificista" hasta el punto de creerse obligados a tener en cuenta, en mayor o menor medida, los resultados de la exégesis moderna y de la "crítica textual", cuando sería tan fácil, a condición de poseer una base doctrinal un poco segura, poner en evidencia la inanidad de todo ello? ¿Cómo no se echa de ver que la pretendida "ciencia de las religiones", tal como se la enseña en los medios universitarios, no ha sido jamás en realidad otra cosa que una máquina de guerra dirigida contra la religión y, más en general, contra todo lo que pueda subsistir aún de espíritu tradicional, al cual quieren, naturalmente, destruir aquellos que dirigen al mundo moderno en un sentido que no puede sino desembocar en una catástrofe?

Mucho habría que decir sobre todo esto, pero no hemos querido sino indicar muy someramente algunos de los puntos en los cuales una reforma sería necesaria y urgente; y, para terminar con una cuestión que nos interesa muy especialmente aquí, ¿por qué se encuentra tanta hostilidad, más o menos confesa, para con el simbolismo? Sin duda, porque es ése un modo de expresión que se ha hecho enteramente ajeno a la mentalidad moderna, y porque el hombre se inclina naturalmente a desconfiar de lo que no comprende. El simbolismo es el medio mejor adaptado a la enseñanza de las verdades de orden superior, religiosas y metafísicas, es decir, de todo lo que el espíritu moderno desdeña o rechaza; es todo lo contrario de lo que conviene al racionalismo, y sus adversarios todos se comportan, algunos sin saberlo, como verdaderos racionalistas.

En cuanto a nosotros, consideramos que, si el simbolismo es hoy incomprendido, es ésta una razón más para insistir en él, exponiendo lo más completamente posible la significación real de los símbolos tradicionales y restituyéndoles todo su alcance intelectual, en vez de utilizarlo simplemente como tema de exhortaciones sentimentales, para las cuales, por lo demás, el empleo del simbolismo es bien inútil.

Esta reforma de la mentalidad moderna, con todo lo que implica:

restauración de la intelectualidad verdadera y de la tradición doctrinal, que para nosotros no se separan una de otra, es, ciertamente, tarea considerable; pero, ¿constituye esto una razón. para no emprenderla? Nos parece, al contrario, que tarea tal constituye una de las finalidades más altas e importantes que pueda proponerse a la actividad de una sociedad como la de la Irradiación intelectual del Sagrado Corazón, tanto más cuanto que todos los esfuerzos realizados en ese sentido estarán necesariamente orientados hacia el Corazón del Verbo Encarnado, Sol espiritual y Centro del mundo "en el cual se ocultan todos los tesoros de la sabiduría y de la ciencia", no de esa vana ciencia profana, única conocida por la mayoría de nuestros contemporáneos, sino de la verdadera ciencia sagrada, que abre, a quienes la estudian como conviene, horizontes insospechados y verdaderamente ilimitados.

Capítulo X

El *Omphalos*, símbolo del Centro

Publicado originalmente en Regnabit, junio de 1926.
No recopilado en ninguna otra compilación póstuma.

Hemos, en nuestro último artículo, indicado diversos símbolos que, en las tradiciones antiguas, representan el Centro y las ideas con él relacionadas, pero hay otras todavía, y una de las más notables es quizá la del *Omphalos*, que se encuentra igualmente en casi todos los pueblos, y ello desde los tiempos más remotos[62].

La palabra griega *omphalos* significa propiamente "ombligo", pero designa también, de manera general, todo lo que es centro, y más especialmente el medio de una rueda. Hay parecidamente, en otras lenguas, palabras que reúnen esas diferentes significaciones; tales son, en las lenguas célticas, y germánicas, las derivadas de la raíz *nab* o *nav*: en alemán, *nabe*, medio y *nabel*, ombligo; igualmente, en inglés, *nave* y *navel*, esta última palabra teniendo también el sentido general de

---

[62] W. H. Roscher, en una obra titulada *Omphalos*, publicada en 1913, ha reunido una cantidad considerable de documentos estableciendo este hecho para los pueblos más diversos; pero no tiene razón al pretender que este símbolo está unido a la idea que se hacían estos pueblos de la forma de la tierra, porque él se imagina que se trata de la creencia de un centro en la superficie terrestre, en el sentido más groseramente literal; esta opinión implica un desconocimiento del significado profundo del simbolismo. El autor se imagina que se trata de la creencia en un centro de la superficie terrestre, en el sentido más groseramente literal. Utilizaremos en lo que sigue cierto número de informaciones contenidas en un estudio de M. J. Loth sobre el *Omphalos entre los Celtas*, aparecido en la "Revue des Etudes Anciennes", (julio-septiembre de 1915).

centro o de medio, y, en sánscrito, la palabra *nâbhi*, cuya raíz es la misma tiene a la vez las dos acepciones[63]. Por otra parte, en galo, la palabra *nav* o *naf*, que es evidentemente idéntica a las precedentes, tiene el sentido de "jefe" y se aplica incluso a Dios; es pues la idea del Principio central la que aquí encontramos[64].

Nos parece que, entre las ideas expresadas por estas palabras, la del medio tiene, a este respecto, una importancia muy particular: el Mundo estando simbolizado por la rueda como hemos explicado precedentemente, su cubo representa naturalmente el "Centro del Mundo". Este medio, alrededor del cual gira la rueda, es además su pieza esencial; y podemos referirnos sobre este punto a la tradición extremo-oriental: "Treinta radios reunidos, dice Lao-Tsé, forman una ensambladura de rueda; solos, son inutilizables; es el vacío quien los une, que hace de ellos una rueda de la que puede servirse"[65]. Se podría creer, a primera vista, que se trata en ese texto del espacio que permanece vacío entre los radios; pero no se puede decir que este espacio los une, y, en realidad, es del vacío central de lo que se trata. En efecto, el vacío, en las doctrinas orientales, representa el estado *principial* de "no-manifestación" o de "no-actuar": La "Actividad del Cielo", se dice, es una "actividad no-actuante" (*wei wuwei*), y sin embargo es la suprema actividad, principio de todas las otras, y sin la cual nada podría actuar; luego es el equivalente del "motor inmóvil" de Aristóteles[66].

---

[63] La palabra *nave*, al mismo tiempo que el cubo de una rueda, designa la nave de una iglesia, pero esta coincidencia parece ser accidental, pues *nave*, en este último caso, debe derivarse del latín *navis*.

[64] *Agni*, en el *Rig-Veda*, es llamado «ombligo de la tierra», lo que se asocia aún más a la misma idea; a menudo la esvástica, como ya lo hemos dicho, es el símbolo de *Agni*.

[65] Tao-te-King, 11.

[66] En el simbolismo hindú, el ser que está liberado del cambio es representado como saliendo del

En cuanto al *Omphalos*: este símbolo representaba esencialmente el "Centro del Mundo", y ello incluso cuando estaba emplazado en un lugar que era simplemente el centro de una región determinada, centro espiritual, por lo demás, más que centro geográfico, como quiera que los dos hayan podido coincidir en ciertos casos. Es preciso, para comprenderlo, recordar que todo centro espiritual regularmente constituido era considerado como la imagen de un Centro supremo, donde se conservaba intacto el depósito de la Tradición primordial; hemos hecho alusión a este hecho en nuestro estudio sobre la leyenda del Santo Grial (agosto-septiembre de 1925) .El centro de cierta región era pues, verdaderamente, para el pueblo que habitaba esta región, la imagen visible del "Centro del Mundo" lo mismo que la tradición propia de ese pueblo no era en principio, más que una adaptación, bajo la forma más conveniente a su mentalidad y a sus condiciones de existencia, de la Tradición primordial, que fue siempre, como quiera que pudiesen pensar los que se detienen en las apariencias exteriores, la única verdadera Religión de la humanidad entera.

Se conoce sobre todo, de ordinario, el *Omphalos* del templo de Delfos; este templo era realmente el centro espiritual de la Gracia antigua, y, sin insistir sobre todas las razones que podrían justificar esta aserción, destacaremos solamente que ahí se reunía, dos veces por año, el consejo de los Amfictiones, compuesto por los representantes de todos los pueblos helénicos, y que formaba el único lazo efectivo entre estos pueblos, políticamente independientes unos de otros. La fuerza de este lazo residía precisamente en su carácter esencialmente religioso y tradicional, único principio de unidad posible para una civilización constituida sobre bases normales: piénsese, por ejemplo, en lo que era la Cristiandad en la Edad Media, y, a menos de estar

---

"mundo elemental" (la "esfera sublunar" de Aristóteles) por un pasaje comparado al cubo de la rueda de un carro, es decir, a un eje fijo alrededor del cual se efectúa la mutación a la cual va a escapar en adelante.

cegado por los prejuicios modernos, se podrá comprender que no se trata de vanas palabras.

La representación material del *Omphalos* era generalmente una piedra sagrada, lo que a menudo se llama un «betilo»; y esta última palabra es también de las más notables. Parece, en efecto, no ser otra cosa que la hebrea *Beith-El*, «casa de Dios», el nombre mismo que Jacob dio al lugar donde el Señor se le había manifestado en un sueño: «Y Jacob se despertó de su sueño y dijo: Sin duda el Señor está en este lugar y yo no lo sabía. Y espantado dijo: ¡Cuán terrible es este lugar, es la casa de Dios y la puerta de los Cielos! Y Jacob se levantó de mañana, y cogió la piedra que había sido su cabecera, la levantó como un pilar, y derramó aceite encima de ella (para consagrarla). Y dio a este lugar el nombre de *Beith-El*; pero el primer nombre de esta ciudad era Luz" (Génesis, XXVIII, 16-19). Este nombre de Luz tiene también considerable importancia en la tradición hebrea; pero no podemos detenernos en ello actualmente, pues ello entrañaría una demasiado larga digresión. Igualmente, no podemos más que recordar brevemente que se dice que *Beith-El*, "casa de Dios", se convirtió a continuación en *Beith-Lehem*, «casa del pan», la ciudad donde nació Cristo; la relación simbólica que existe entre la piedra y el pan sería además muy digna de atención, pero debemos limitarnos[67]. Lo que es necesario señalar una vez más es que el nombre de *Beith-El* no sólo se aplica al lugar, sino a la misma piedra también: "Y esta piedra, que he levantado como un pilar, será la casa de Dios (ibid., 22)". Es pues esta

---

[67] Y el tentador, acercándose, dijo a Jesús: «Si tú eres el hijo de Dios, manda que estas piedras se conviertan en pan.» (S. *Mateo*, c. 4:3; Cf.: S. *Lucas*, c. 4:3). Estas palabras tienen unos sentidos misteriosos, en relación con lo que indicamos aquí: Cristo debía cumplir una parecida transformación, pero espiritual y no materialmente como lo pedía el tentador; ahora bien, el orden espiritual es análogo al orden material, pero en sentido inverso, y la señal del demonio es la de tomar todas las cosas al revés. Es el Cristo mismo el que, como manifestación del Verbo, es el «pan vivo que descendió del cielo»; y es este pan el que debía, en la Nueva Alianza, sustituir a la piedra como "casa de Dios"; y, añadiremos todavía, por ello los oráculos han cesado.

piedra la que debe ser propiamente el habitáculo divino (*mishkan*), siguiendo la designación que más tarde se dará al Tabernáculo; y, cuando se habla del «culto de las piedras», que fue común a tantos pueblos antiguos, hay que comprender que este culto no se dirigía a las piedras, sino a la Divinidad de la que ellas eran la residencia[68].

La piedra que representaba al *Omphalos* podía tener la forma de un pilar, como la piedra de Jacob; es muy probable que entre los pueblos célticos, algunos menhires no fueran otra cosa que representaciones suyas. Tal es el caso especialmente de la piedra de Ushnag, en Irlanda, de la cual hablaremos luego; y los oráculos se impartían cerca de tales piedras, como en Delfos, lo que se explica fácilmente, desde el momento que eran consideradas como la morada de la divinidad; la "casa de Dios", además, se identificaba muy naturalmente al "Centro del Mundo"[69].

El *Omphalos* podía también estar representado por una piedra cónica, como la piedra negra de Cibeles, u ovoide; el cono recordaba la montaña sagrada, símbolo del "Polo" o del "Eje del Mundo", como dijimos anteriormente (marzo y mayo de 1926); en cuanto a la forma ovoide, se refiere directamente a otro símbolo muy importante, el del "Huevo del Mundo", que tendremos que considerar también en la continuación de estos estudios. A veces, y en particular en ciertos *omphaloi* griegos, la piedra estaba rodeada por una serpiente; se ve también esta serpiente enrollada en la base o en la cumbre de los

---

[68] No podemos extendernos como sería necesario sobre el simbolismo general de las piedras sagradas; quizás tendremos ocasión de volver más tarde sobre ello. Señalaremos sobre este asunto la obra demasiado poco conocida de Gougenot des Mousseaux, *Dieu et les Dieux*, que contiene informaciones de gran interés.

[69] Todo eso se relaciona con la cuestión de las influencias espirituales (en hebreo *berakoth*), cuestión muy compleja que no parece haber sido nunca tratada en su conjunto.

mojones caldeos, que deben considerarse como verdaderos "betilos"[70].

Por otra parte, como ya hemos señalado, el símbolo de la piedra está de manera general, en estrecha conexión con el de la serpiente, y lo mismo ocurre con el del huevo, especialmente entre los Celtas y los Egipcios.

Un ejemplo notable de figuración del *Omphalos* es el betilo de Kermaria, cerca de Pont-l'Abbé (Finisterre), cuya forma general es la de un cono irregular, redondeado en la cima[71]. En la parte inferior hay una línea sinuosa, que parece no ser otra cosa que una forma estilizada de la serpiente de la que acabamos de hablar; la cumbre está rodeada de una greca. Sobre una de las caras hay una esvástica (véase nuestro artículo de mayo de 1926); y la presencia de ese signo (del que además la greca es un derivado) bastaría para confirmar, de manera tan clara como es posible, la significación de ese curioso monumento. Sobre otra cara hay todavía un símbolo que no es menos interesante: es una figura de ocho radios, circunscrita con un cuadrado, en lugar de serlo por un círculo como la rueda; luego esta figura es totalmente comparable a lo que es, en el tipo de seis radios, la que ocupa el ángulo superior del pabellón británico (véase noviembre de 1925, p. 395) y que debe ser parecidamente de origen céltico. Lo que es más extraño, es que ese signo del betilo de Kermaria se encuentra exactamente reproducida, con varios ejemplares, en el grafito del torreón de Chinon, bien conocido de los lectores de *Regnabit*; y, en el mismo grafito, se ve aún la figura de ocho rayos trazada sobre el escudo oval que sostiene un personaje arrodillado[72]. Este signo debe haber

---

[70] Se pueden ver varios ejemplares de tales mojones en el museo del Louvre.

[71] M. J. Loth, en el estudio antes citado, ha dado fotografías de ese betilo, así como de algunas otras piedras del mismo género.

[72] Ese escudo recuerda claramente la rueda de ocho radios, como la de la figura alegórica de Albión, que tiene la misma forma, recuerda la rueda de seis radios, como ya hemos hecho notar.

desempeñado un papel bastante grande en el simbolismo de los Templarios[73], pues "Se encuentra también en antiguas encomiendas del Temple; se ve igualmente, como signo heráldico, sobre un gran escudo en la cabeza de la estatua funeraria de un Templario, del siglo XIII, de la encomienda de la Roche-en-Cloué (Vienne), y sobre una piedra esculpida, en la encomienda de Mauléon, cerca de Chatillon-sur-Sèvres)"[74]. Esta última figuración es además la de una rueda propiamente dicha[75]; y ahí hay sólo un ejemplo, entre muchos otros, de la continuación de las tradiciones célticas a través de la Edad Media.

Hemos omitido señalar antes, a propósito de este símbolo, que una de las significaciones principales del n°8 es la de "justicia" y "equilibrio", ideas que, como hemos mostrado, se vinculan directamente a la del Centro[76].

En lo referente al *Omphalos*, hay que añadir todavía, que si estaba representado más habitualmente por una piedra, también ha podido estarlo por un montículo, una especie de túmulo. Así, en China, en el centro de cada reino o Estado feudal, se elevaba en otro tiempo un montículo, en forma de pirámide cuadrangular, formada por la tierra de las "cinco regiones": las cuatro caras correspondían a los cuatro

---

[73] La misma figura ha sido además conservada hasta en la Masonería moderna; pero se la considera solamente como "la clave de las cifras", y se muestra que, en efecto, es posible descomponerla de manera que se obtengan todas las cifras árabes bajo una forma más o menos esquematizada.

[74] L. Charbonneau-Lassay, *Le Coeur rayonnant du donjon de Chinon*, p. 16. El texto está acompañado por la reproducción de los dos ejemplos aquí mencionados.

[75] Una rueda muy semejante está figurada sobre un pavimento enlosado del museo de los Anticuarios del Oeste en Poitiers, que data verosímilmente del siglo XV y cuya impresión nos ha sido comunicada por el Sr. Charbonneau.

[76] Se sabe también cuál era la importancia de la Ogdóada para los Pitagóricos. Por otro lado, hemos ya indicado (noviembre de 1925, p. 396) los significados del número 6, que es, con el número 8, el más frecuente para los radios de las ruedas simbólicas; la de "mediación" tiene también una relación muy estrecha, y además evidente con la idea del Medio o del Centro.

puntos cardinales, y la cima al centro mismo[77]. Cosa singular, vamos a encontrar estas cinco regiones en Irlanda, donde la "piedra levantada del jefe" era, de forma semejante, elevada en el centro de cada dominio[78].

En efecto, es Irlanda la que, entre los países célticos, proporciona el número más grande de datos relativos al *Omphalos*; en otro tiempo estaba dividida en cinco reinos, de los que uno llevaba el nombre de *Mide* (que quedó bajo la forma anglicista de *Meath*), que es la antigua palabra celta *medion*, «medio», idéntica al latín *medius*. Este reino de *Mide*, que se había formado de porciones tomadas en los territorios de las otras cuatro, se convirtió en el patrimonio propio del rey supremo de Irlanda, al cual los otros reyes estaban subordinados. En Ushnagh, que representa con bastante exactitud el centro del país, estaba levantada una piedra gigantesca llamada «ombligo de la Tierra», y designada también bajo el nombre de «piedra de las porciones» (*ail-na-meeran*), porque marcaba el lugar donde convergían las líneas separadoras de los cinco reinos. Se celebraba allí, anualmente, el primero de mayo, una asamblea general totalmente comparable a la reunión anual de los Druidas en el "lugar consagrado central" (*medio-lanon o medio- nemeton*) de las Galias, en el país de los Carnutos; y la semejanza con la asamblea de los Amfictiones en Delfos se impone igualmente.

Esta división de Irlanda en cuatro reinos, más la región central que era la residencia del jefe supremo, se vincula con tradiciones muy antiguas. En efecto, Irlanda fue, por esta razón, denominada la "isla de los Cuatro Maestros"[79], pero esta denominación, lo mismo que la de

---

[77] El número cinco tiene, en la tradición china, una importancia simbólica muy particular.

[78] *Brehon Laws*, citados por J. Loth.

[79] El nombre de S. Patricio, que no se conocía normalmente más que en su forma latinizada, era

"isla verde" (*Erin*) se aplicaba anteriormente a otra tierra mucho más septentrional, hoy desconocida, desaparecida quizá (*Thulé u Ogygia*), y que fue uno de los principales centros espirituales de los tiempos prehistóricos. El recuerdo de esta "Isla de los Cuatro Maestros" se encuentra hasta en la tradición china, lo que parece no haberse nunca señalado; he aquí un texto taoísta que da fe de ello: el emperador Yao hizo grandes esfuerzos, y se imaginó haber reinado idealmente bien. Tras haber visitado a los cuatro Maestros, en la lejana isla de *Kou-chee* (habitada por "hombres trascendentes"[80], *tchenn-jen*), reconoció que había echado todo a perder. El ideal, es la indiferencia (o más bien el desapego, en la actividad "no actuante") del super-hombre, que deja girar la rueda cósmica[81].

La última frase de este pasaje nos remite aún al símbolo de la "rueda del Mundo": La "indiferencia" de la que se trata no debe ser entendida en el sentido ordinario, sino que es propiamente el "no-actuar"; el hombre trascendente estando emplazado en el Centro, no participa ya en el movimiento de las cosas, sino que dirige tal movimiento por su sola presencia, porque en él se refleja la "Actividad del Cielo"[82]. Se podría, si se tradujera esto en lenguaje occidental, relacionarlo muy exactamente con el "hábitat espiritual" en el Corazón de Cristo[83], a condición, entiéndase bien, de considerar este hábitat en

---

originalmente *Cothraige*, que significa "el servidor de los cuatro".

[80] Los *tchen jen* son en realidad "hombres verdaderos". El autor corrigió este lapsus en *Le Roi du Monde* (N. del T.).

[81] *Tchuang-Tsé*, cap. I; trad. del P. L. Wieger, p. 213. El emperador Yao reinó, se dice, en el año 2356 antes de la era cristiana.

[82] Apenas debería ser necesario el hacer observar que ese "no-actuar" nada tiene en común con un "quietismo" cualquiera.

[83] Véase el artículo del Sr. Charbonneau-Lassay sobre este tema (enero de 1926), y también el final de nuestro artículo de marzo de 1926.

su plena realización efectiva, y no como una simple aspiración más o menos sentimental.

Quizás algunos no verán, en algunas de las comparaciones que hemos señalado aquí, más que un asunto de simple curiosidad; pero tenemos que declarar que tienen para nosotros un alcance mucho mayor, como todo lo que permite reencontrar y reunir los vestigios esparcidos de la Tradición primordial.

P. S.- Para completar nuestro artículo sobre "El Corazón irradiante y el Corazón en llamas" (abril de 1926), reproducimos estas líneas tomadas del Sr. Charbonneau-Lassay[84]: "Los rayos, en la heráldica y en la iconografía de la Edad Media, eran el signo especial, el signo reserva del estado glorioso; las llamas simbolizaban el amor o el ardor (en el sentido humano y en el sentido místico) que consumen como el fuego, pero no la gloria. Los rayos, brillo y luz fulgurante, decían el triunfo, la glorificación suprema y total. En la antigua heráldica francesa, tan nítidamente expresiva, los rayos eran también el emblema de la gloria así entendida, y sobre todo en una composición religiosa, de la gloria celestial, donde las cruces irradiantes portan, en el lenguaje tan expresivo del blasón, el nombre de cruces divinas" (véase la figura sacada del tratado de heráldica de Vulson de la Colombière, 1669)[85].

Hay ahí una razón, añadiéndose a las que hemos ya dicho, de la importancia preponderante de la figuración del Corazón irradiante anteriormente a los tiempos modernos: se ve en efecto que ella correspondía a un aspecto más elevado, más exclusivamente divino en cierto modo, del simbolismo del Corazón.

Para las llamas, el significado heráldico es exactamente el que

---

[84] Le Coeur rayonnant du donjon de Chinon, 21.

[85] Vulson de la Colombière, *La Science Héroïque*, cap. XIII, p. 115, fig, XXXIV.

hemos indicado basándonos sobre consideraciones de otro orden; para los rayos, como la concordancia podría no ser asida inmediatamente, hace falta una explicación complementaria, que puede por lo demás darse en pocas palabras. En efecto, la significación heráldica de los rayos se relaciona esencialmente con la "luz de gloria", en y por la cual se opera la visión beatífica; ahora bien, ella es de orden intelectual puro, es el conocimiento más alto, la realización más completa de la inteligencia, puesto que es la contemplación directa de la verdad suprema.

Capítulo XI

El Corazón del Mundo en la Kábala Hebrea

Publicado originalmente en Regnabit, julio-agosto de 1926.
No retomado en ninguna otra recopilación póstuma.

Hemos hecho alusión precedentemente (febrero de 1926, p. 220) a la función que en la tradición hebrea, tanto como en todas las otras tradiciones, desempeña el simbolismo del corazón, que, aquí como en las restantes, representa esencialmente el "Centro del Mundo". Aquello de lo que queremos hablar es de lo que se denomina la Kábala, palabra que, en hebreo, no significa otra cosa que "tradición", la doctrina transmitida oralmente durante largos siglos antes de ser fijada en textos escritos; en ella, en efecto, es donde podemos encontrar datos interesantes sobre la cuestión de que se trata.

En el *Sepher Yetsiráh*, se habla del "Santo Palacio" o "Palacio Interior", que es el Centro del Mundo: está en el centro de las seis direcciones del espacio (lo alto, lo bajo y los cuatro puntos cardinales) que, con el centro mismo, forman el septenario. Las tres letras del nombre divino *Jehová* formado de cuatro letras, *iod*, *hé*, *vau*, *hé*, pero entre las cuales no hay más que tres que sean distintas, estando la *hé* repetida dos veces), por su séxtuple permutación siguiendo esas seis direcciones, indican la inmanencia de Dios en el seno del Mundo, es decir, la manifestación del Verbo creador en el centro de todas las cosas, en el punto primordial del cual las extensiones indefinidas no son más que la expansión o el desarrollo: "Él formó del *Tohu* (vacío) algo e hizo de lo que no existía algo que sí existe. Talló grandes columnas del éter inaprehensible[86]. Él reflexionó, y la Palabra (*Memra*) produjo todo objeto y todas las cosas por su Nombre uno" (*Sepher Yetsiráh*, IV, 5).

Antes de ir más lejos, señalaremos que, en las doctrinas orientales, y en particular en la doctrina hindú, se trata también frecuentemente de las siete regiones del espacio, que son los cuatro puntos cardinales, más el cenit y el nadir, y en fin, el centro mismo. Se puede observar que la representación de las seis direcciones, opuestas dos a dos a partir del centro, forma una cruz de tres dimensiones, tres diámetros rectangulares de una esfera indefinida. Se puede notar además, a título de concordancia, la alusión que hace San Pablo al simbolismo de las direcciones o de las dimensiones del espacio, cuando habla de la "amplitud, la longitud, la altura y la profundidad del misterio del amor de Jesús-Cristo" (*Efesios*, III, 18); pero, aquí, no hay más que cuatro términos enunciados distintamente en lugar de seis, porque la amplitud y la longitud corresponden respectivamente a los dos diámetros horizontales tomados en su totalidad, mientras que la altura y la profundidad corresponden a las dos mitades superior e inferior del diámetro vertical.

Por otra parte, en su importante obra sobre la *Kábala Judía*[87], Paul Vulliaud, a propósito de los pasajes del *Sepher Yetsiráh* que acabamos

---

[86] Se trata de las "columnas" del Arbol sefirótico: columna del medio, columna de la derecha y columna de la izquierda (véanse nuestros artículos de diciembre de 1925, p. 292).

[87] 2 vol. In 8º, París, 1923. Esta obra contiene gran número de informaciones interesantes, y utilizaremos aquí algunas; se le puede reprochar el dar demasiado espacio a discusiones cuya importancia es muy secundaria, no ir lo bastante al fondo de la doctrina, y de cierta falta de orden en la exposición; no es menos cierto que se trata de un trabajo hecho muy seriamente y muy diferente en eso de la mayor parte de los otros libros que han sido escritos por los modernos al respecto.

de citar, añade esto: "Clemente de Alejandría dice que de Dios, Corazón del Universo, parten las extensiones infinitas que se dirigen, una hacia lo alto, la otra hacia abajo, ésta a la derecha, aquella a la izquierda, una adelante y la otra hacia atrás. Dirigiendo su mirada hacia esas seis extensiones como hacia un número siempre igual, él acabó el mundo; es el comienzo y el fin (el alfa y el omega), en él se acaban las seis fases infinitas del tiempo, y es de él de donde reciben su extensión hacia el infinito; tal es el secreto del número 7"[88]. Hemos tenido que reproducir textualmente esta cita, de la que lamentamos que su referencia exacta no sea indicada; la palabra "infinito" que aparece tres veces, es impropia y debería ser reemplazada por "indefinido": Sólo Dios es infinito, el espacio y el tiempo no pueden ser más que indefinidos. La analogía, por no decir la identidad, con la doctrina kabalística, es de las más notables; y hay ahí, como se verá luego, materia para otras comparaciones que son más sorprendentes todavía.

El punto primordial, desde donde es proferida la Palabra creadora, no se desarrolla solamente en el espacio, sino también en el tiempo; es el Centro del Mundo en todos los aspectos, es decir, que es a la vez el centro de los espacios y el centro de los tiempos. Eso, entiéndase bien, no concierne más que a nuestro mundo, el único cuyas condiciones de existencia son directamente expresables en lenguaje humano; es el mundo sensible el que está sometido al espacio y al tiempo, y sería preciso, para pasar al orden suprasensible (pues se trata del Centro de todos los mundos), efectuar una especie de transposición analógica en la cual el espacio y el tiempo no guardarían ya más que una significación puramente simbólica; la cosa es además posible, pero no tenemos que preocuparnos de ello aquí, y podemos limitarnos al punto de vista cosmogónico tal como se lo entiende habitualmente.

---

[88] *La Kabbale juive*, tomo I, pp. 215-216.

Se trata en Clemente de Alejandría, de seis fases del tiempo correspondientes a las seis direcciones del espacio: son seis períodos cíclicos, subdivisiones de otro período más general, y a veces representados como seis milenios. El *Zohar*, lo mismo que el *Talmud*, divide en efecto la duración del tiempo en períodos milenarios: "El mundo subsistirá durante seis mil años a los cuales aluden las seis primeras palabras del Génesis (*Siphra di Zeniutha*: *Zohar*, II, 176 b); y esos seis milenios son análogos a los seis "días" de la creación ("Mil años son como un día a los ojos del Señor", dice la Escritura. El séptimo milenio, como el séptimo "día", es el *Sabbath*, es decir, la fase de retorno al Principio, que corresponde naturalmente al centro, considerado como séptima región del espacio. Hay ahí una suerte de cronología simbólica, que no debe sin duda tomarse al pie de la letra; Josefo (*Antigüedades Judaicas*, 1, 4) observa que seis mil años hacen diez "grandes años", siendo el "gran año" de seis siglos (es el *Naros* de los Caldeos); pero, por otro lado, lo que se designa por esta misma expresión es un período mucho más largo, diez o doce mil años entre los Griegos y los Persas. Ello, por lo demás, no importa aquí, donde no se trata de hacer conjeturas sobre la duración real de nuestro mundo, sino solamente de tomar esas divisiones con su valor simbólico: puede tratarse de seis fases indefinidas, luego de duración indeterminada, más una séptima que corresponde al acabamiento de todas las cosas y a su restauración en el estado primero (este último milenio es sin duda asimilable al "reino de mil años" del que habla el Apocalipsis).

Ahora, considérese el Corazón irradiante del mármol astronómico de Saint-Denis d'Orques, estudiado aquí por L. Charbonneau-Lassay (febrero de 1924), y que reproducimos aquí de nuevo. Ese Corazón, está emplazado en el centro del círculo planetario y del círculo zodiacal, que representan respectivamente la indefinidad de los espacios y la de los tiempos[89]; ¿no hay ahí una similitud flagrante con el "Santo Palacio" de la Kábala, situado también en el centro de los espacios y de los tiempos, y que es efectivamente, según los términos mismos de Clemente de Alejandría, el "Corazón del Universo"? Pero eso no es todo, y hay, en esta misma figura, algo que es quizá aún más extraño, y que diremos seguidamente.

Volvamos a la doctrina cosmogónica del *Sepher Yetziráh*: "se trata, dice Paul Vulliaud, del desarrollo a partir del Pensamiento hasta la modificación del Sonido (La Voz), de lo impenetrable a lo comprehensible. Se observará que estamos en presencia de una exposición simbólica del misterio que tiene por objeto la génesis universal y que se relaciona con el misterio de la unidad. En otros pasajes, se trata del "punto" que se desarrolla por líneas en todos los sentidos, y que no deviene comprehensible más que por el "Palacio Interior". Es en el inaprehensible éter (*Avir*), donde se produce la concentración, de donde emana la luz (*Aor*)[90]. El punto es, como hemos ya dicho, (mayo de 1926) el símbolo de la unidad: es el principio de la extensión, que no existe más que por su irradiación (no siendo el "vacío" anterior más que pura virtualidad), pero no deviene comprehensible más que situándose en esta extensión, de la cual es entonces el centro. La emanación de la luz, que da su realidad a la extensión, "haciendo del vacío algo y de lo que no existía lo que existe", es una expansión que sucede a la concentración; son las dos fases de aspiración y de expiración de las que se trata frecuentemente en la doctrina hindú, y de las cuales la segunda corresponde a la producción

---

[89] El Sr. Charbonneau nos ha mostrado un curioso documento que ha encontrado desde la publicación de su artículo; es una medalla de Antonino, acuñada en Egipto, y en el reverso de la cual figura Júpiter-Serapis, rodeado parecidamente de los dos círculos planetario y zodiacal; la similitud es digna de señalarse.

[90] *La Kabbale juive*, tomo I, p. 217.

del mundo manifestado; y hemos ya notado la analogía que existe también, a este respecto, con el movimiento del corazón y la circulación de la sangre.

Pero prosigamos: "La luz (*Aor*) brota del misterio del éter (*Avir*). El punto oculto fue manifestado, es decir, la letra *iod*"[91]. Esta letra representa jeroglíficamente el Principio, y se dice también que de ella son formadas todas las otras letras del alfabeto hebreo. Se dice también que el punto primordial incomprehensible, que es el Uno no manifestado, forma tres que son el Comienzo, el Medio y el Fin (como los tres elementos del monosílabo *Aum* en el simbolismo hindú y en el antiguo simbolismo cristiano), y que esos tres puntos reunidos constituyen la letra *iod*, que es así el Uno manifestado (o más exactamente afirmado en tanto que principio de la manifestación universal), Dios haciéndose Centro del Mundo por su Verbo. Cuando esa *iod* ha sido producida, dice el *Sepher Yetsiráh*, lo que restó de ese misterio o del *Avir* (éter) oculto fue *Aor* (la luz)"; y, en efecto, si se quita la *iod* de la palabra *Avir*, resta *Aor*.

Paul Vulliaud cita, a este respecto, el comentario de Moisés de León: "Tras haber recordado que el santo, bendito sea, incognoscible, no puede ser aprehendido más que según sus atributos, (*middoth*) por los cuales Él ha creado los mundos, comencemos por la primera palabra de la *Thorah*: *Bereshith* (la palabra por la cual comienza el *Génesis*: *in Principio*). Antiguos autores nos han enseñado con relación a ese misterio que está oculto en el grado supremo, el éter puro e impalpable. Este grado es la suma total de todos los espejos posteriores (es decir, exteriores), ellos proceden por el misterio del punto que es él mismo un grado oculto y emanando del misterio del éter puro y misterioso. El primer grado, absolutamente oculto, no puede ser

---

[91] *Ibidem*, p. 218.

aprehendido. Igualmente, el misterio del punto supremo, aunque sea profundamente oculto, puede ser aprehendido en el misterio del Palacio interior. El "misterio de la Corona suprema (*Kether*, la primera de las diez *Sefiroth*), corresponde al del puro e inaprehensible éter (*Avir*). El es la causa de todas las causas y el origen de todos los orígenes. En ese misterio, origen invisible de todas las cosas, es donde el punto oculto del cual todo procede, toma nacimiento. Por eso se dice en el *Sepher Yetsiráh*: "Antes del Uno, ¿qué puedes tener en cuenta?" Es decir, antes de ese punto, ¿qué se puede contar o comprender? Antes de ese punto no había nada, excepto *Aïn*, es decir, el misterio del éter puro e inaprehensible, así nombrado (por una simple negación) a causa de su incomprensibilidad. El comienzo aprehensible de la existencia se encuentra en el misterio del "punto" supremo. Y puesto que ese punto es el comienzo de todas las cosas, es llamado "Pensamiento" (*Mahasheba*). El misterio del Pensamiento creador corresponde al "punto" oculto. En el Palacio interior es donde el misterio unido al "punto" oculto puede ser comprendido, pues el puro e inaprehensible éter queda siempre misterioso. El "punto" es el éter tornado palpable en el misterio del Palacio interior o Santo de los Santos. Todo, sin excepción, ha sido primero concebido en el Pensamiento[92]. Y si alguien dijese: "Ved ¡Hay alguien nuevo en el mundo!", imponedle silencio, pues ello fue anteriormente concebido en el Pensamiento. Del "punto" oculto emana el Santo Palacio interior. Es el Santo de los Santos, el quincuagésimo año (alusión al *Jubileo*, que representa el retorno al estado primordial), que se llama igualmente la Voz que emana del Pensamiento[93]. Todos los seres y todas las causas emanan entonces por la fuerza del "punto" de lo alto. He aquí lo que

---

[92] Es el Verbo en tanto que Inteligencia divina, que es el "lugar de los posibles".

[93] Es también el Verbo, pero en tanto que Palabra divina: es primero Pensamiento puro, y después Palabra en el exterior, siendo la Palabra la manifestación del Pensamiento (véase nuestro artículo de enero de 1926), y la primera palabra proferida es el *Iehi Aor* (*Fiat Lux*) del Génesis.

es relativo a los misterios de las tres *Sefiroth* supremas"[94]. Hemos querido dar este pasaje entero, a pesar de su longitud, porque, además de su interés propio, tendremos sin duda que referirnos a él, en la continuación de estos estudios, para establecer comparaciones con otras doctrinas tradicionales.

El simbolismo de la letra *iod* debe aún retener nuestra atención: hemos recordado anteriormente (febrero de 1926) el hecho, ya señalado por el R. P. Anizan, que, en una impronta dibujada y grabada por Callot para una tesis mantenida en 1625, se ve al Corazón de Cristo conteniendo tres *iod*, que pueden considerarse como representando la Trinidad. Por lo demás, antes hemos visto, la *iod* como formada por la reunión de tres puntos, es ya por sí misma una imagen del Dios tri-uno; y sin duda las tres *iod* representan muy bien las tres Personas de la Trinidad. Por otra parte, se ha hecho observar a L. Charbonneau-Lassay que, en el corazón de Saint-Denis d'Orques, la herida tiene la forma de una *iod* invertida; ¿es una semejanza puramente accidental o hay que ver en esa forma algo querido? No osaríamos afirmar nada al respecto, y admitimos incluso que aquel que traza un símbolo no es necesariamente consciente de todo lo realmente incluido en él; sin embargo, el Cartujo que esculpió el mármol astronómico ha dado prueba por otra parte de suficiente ciencia para que no sea inverosímil que haya habido ahí una intención efectiva por su parte; y, en todo caso, esa *iod*, querida o no, nos aparece plena de significado. Incluso su posición invertida no carece de sentido: puede ser una alusión a la Encarnación, o, de modo más general, a la manifestación del Verbo en el Mundo, considerada en cierto modo como un "descenso" (tal es el sentido exacto del término sánscrito *avatâra*, que designa toda manifestación divina). Por lo que hace a la *iod* misma, tiene el sentido de "principio", como hemos dicho antes, y

---

[94] Citado en *La Kabbale juive*, tomo I, pp. 405-406.

también de "germen" (palabra que, digámoslo de pasada, es aplicada al Cristo en diversos pasajes de la escritura): la iod en el corazón, es en cierto modo el germen envuelto en el fruto. Es también la indicación de una relación muy estrecha entre el símbolo del Corazón y el del "Huevo del Mundo", al cual ya hemos aludido; tendremos ocasión de volver sobre ello, y nos explicaremos entonces más ampliamente sobre este punto, lo que es bastante importante como para merecer tratarse aparte; no nos detendremos más por el momento.

He aquí ahora esa cosa extraña que antes anunciábamos: el corazón de Saint-Denis d'Orques, con su herida en forma de *iod*, irradia la luz (*Aor*)[95] de tal modo que tenemos aquí a la vez la *iod* y el *Aor*, es decir, los dos términos de la diferenciación del *Avir* primordial. Además, esa *iod* y ese *Aor* están colocados respectivamente en el interior y en el exterior del Corazón, así como conviene, pues la primera procede de la concentración y el segundo de la expansión, y es de esta concentración y de esta expansión sucesivas de donde nace la distinción misma del interior y del exterior. Por lo demás, no afirmamos que todo eso haya sido querido expresamente por el escultor, pues no tenemos ningún medio para adquirir la certidumbre de ello; pero se convendrá que, si es involuntaria, hay ahí un encuentro inconsciente con la doctrina kabalística, y eso es aún más extraordinario, que el Cartujo haya suplido la ciencia que le faltaba con una intuición de las más sorprendentes; dejaremos a cada uno la libertad de escoger entre las dos hipótesis.

Como quiera que sea, lo que es incontestable, es que el Corazón mismo, en esta figuración tan notable, se identifica al "Santo Palacio" de la Kábala; es también ese mismo Corazón, centro de todas las cosas,

---

[95] Quizás hay también una intención simbólica en la alternancia de los dos tipos de rayos, rectos y sinuosos, que pueden representar dos movimientos diferentes en la propagación de la luz, o incluso dos aspectos secundarios de ésta.

al que la doctrina hindú, por su lado, califica de "Ciudad divina" (*Brahma-pura*). El "Santo Palacio" es también denominado el "Santo de los Santos", como hemos visto en la cita de Moisés de León; y, en el Templo de Jerusalén, el "Santo de los Santos" no era otra cosa que una figura del verdadero "Centro del Mundo", figura muy real por lo demás, puesto que era también el lugar de la manifestación divina, la morada de la *Shekinah*, que es la presencia efectiva de la Divinidad.

Hay ahí, en la tradición hebrea, otro aspecto del simbolismo del corazón, por otra parte, estrechamente ligado al precedente, y cuyo estudio será objeto de nuestro próximo artículo.

Capítulo XII

LA TIERRA SANTA Y EL CORAZÓN DEL MUNDO

Publicado originalmente en Regnabit, n° 4-5, septiembre-octubre de 1926. No retomado en otra recopilación póstuma.

Hablábamos, terminando nuestro último artículo, de la *Shekinah*, que es, en la tradición hebrea, la presencia real de la divinidad; el término que la designa deriva de *zhakan*, que significa "habitar" o "residir". Es la manifestación divina en este mundo, o, en cierto modo, Dios habitando entre los hombres; de ahí su relación muy estrecha con el Mesías, que es *Emmanuel*, "Dios con nosotros": *Et habitabit in novis*, dice San Juan (1,14). Hace falta además destacar que los pasajes de la Escritura donde se hace mención especialmente de la *Shekinah* son sobre todo aquellos donde se trata de la constitución de un centro espiritual: la construcción del Tabernáculo, que es él mismo denominado en hebreo *mishkan*, palabra de la misma raíz y significando propiamente el habitáculo divino; la edificación del Templo de Salomón, después la del de Zorobabel. Tal centro, en efecto, estaba esencialmente destinado a ser la residencia de la *Shekinah*, es decir, el lugar de la manifestación divina; siempre representada como "Luz"; y la *Shekinah* es a veces designada como la "Luz del Mesías": *Erat Lux vera quae illuminat omnem hominem venientem in hunc mundum*, dice aún San Juan (I,9); y Cristo dice de sí mismo: "Yo soy la Luz del mundo" (*ibid.*, VIII, 12).

Esta iluminación de la que habla San Juan se produce en el centro del ser, que es representado por el Corazón, como lo hemos ya explicado[96], y que es el punto de contacto del individuo con lo Universal, o, en otros términos, de lo humano con lo Divino. La *Shekinah* "porta este nombre, dice el hebraizante Louis Cappel[97], porque ella habita en el corazón de los fieles, habitación que fue simbolizada por el Tabernáculo donde Dios se considera que reside". A decir verdad, este símbolo es al mismo tiempo una realidad, y se puede hablar de la residencia de la *Shekinah*, no solamente en el corazón de los fieles, sino también en el Tabernáculo, que, por esta razón, era considerado como el "Corazón del Mundo". Hay aquí, en efecto, varios puntos de vista a distinguir; pero, primero, podemos destacar que lo que precede bastaría en suma para justificar enteramente el culto del Sagrado Corazón. En efecto, si aplicamos a Cristo, dándole la plenitud de su significación, lo que en cierto sentido y al menos virtualmente, es verdadero de todo ser humano (el *omnem hominem* de San Juan es la declaración explícita de ello), podemos decir que la "Luz del Mesías" estaba en cierto modo concentrada en su Corazón, desde donde irradiaba como de un hogar resplandeciente; y eso es lo que precisamente expresa la figura del "Corazón irradiante". Por otra parte, vemos también, por lo que acaba de decirse, que el Sagrado Corazón es por así decir el lugar donde se realiza propiamente el misterio del ser teándrico, donde se opera la unión de las dos naturalezas divina y humana en la persona de Cristo. En el Evangelio, la humanidad de Cristo es comparada al Templo[98]: "Destruid el Templo de Dios y yo lo reconstruiré en tres días" (San Juan, II, 19; Cf. San Mateo, XXVI, 61, y San Marcos, XIV, 58); y el Corazón es, en su

---

[96] Remitimos especialmente a nuestro artículo sobre *El Corazón irradiante y el Corazón en llamas* (abril de 1926).

[97] *Critica sacra*, p. 311, edición de Amsterdam, 1689; citado por Paul Vulliaud. *La Kabbale Juive*, T. I, p. 193.

[98] Decimos la humanidad de Cristo y no solamente su cuerpo, porque es efectivamente el compuesto humano el que, como tal, es destruido por la muerte.

humanidad, lo que es en el Templo el Tabernáculo o el "Santo de los "Santos".

Volvamos ahora a la distinción a la cual hacíamos alusión hace un momento; ella resulta inmediatamente de lo que la religión, en el sentido propio y etimológico de esta palabra, es decir, "lo que religa" al hombre a su Principio divino, concierne no solamente a cada hombre en particular, sino también a la humanidad considerada colectivamente, dicho de otra forma, tiene a la vez un aspecto individual y un aspecto social[99]. La residencia de la *Shekinah* en el corazón del fiel, corresponde al primero de esos dos puntos de vista; su residencia en el Tabernáculo corresponde al segundo. Por lo demás, el nombre de *Emmanuel* significa igualmente esas dos cosas: "Dios con nosotros", es decir, en medio de los hombres; y el *in nobis* de San Juan, que recordábamos antes, puede interpretarse también en esos dos sentidos. La tradición judaica se coloca en el segundo punto de vista cuando dice que, "cuando dos personas conversan de los misterios divinos, la *Shekinah* se mantiene entre ellas"; y el Cristo ha dicho exactamente lo mismo, y casi en los mismos términos: "Cuando dos o tres se reúnen en mi nombre, yo me encuentro en medio de ellos" (San Mateo, XVIII, 20). Ello es además verdadero, como lo precisa el texto evangélico, "en cualquier lugar donde se encuentren reunidos"; pero esto, desde el punto de vista judío, no se relaciona sino con casos especiales, y, para el pueblo de Israel en tanto que colectividad organizada (y organizada teocráticamente, en la acepción más verdadera de este término), el lugar donde la *Shekinah* residía de una manera constante, normal en cierto modo, era el Templo de Jerusalén; por ello los sacrificios, constituyendo el culto público, no podían ser ofrecidos en ninguna otra parte.

---

[99] Hay incluso un tercer aspecto, que concierne a la humanidad en tanto que naturaleza específica, y que, por lo tanto, se refiere directamente al orden cósmico.

Como centro espiritual, el Templo, y más especialmente la parte llamada el "Santo de los Santos", era una imagen del "Centro del Mundo", que la Kábala describe como el "Santo Palacio" o "Palacio interior", así como hemos visto en nuestro precedente artículo; y hemos hecho observar entonces que ese "Santo Palacio" era llamado también el "Santo de los Santos". Por lo demás, como ya hemos dicho en nuestro estudio sobre el *Omphalos* (junio de 1926), la "Casa de Dios", el lugar de la manifestación divina, cualquiera que sea, se identifica naturalmente al "Centro del Mundo", al que representa simbólicamente, pero también realmente.

El centro espiritual, para un determinado pueblo, no es por otro lado un lugar forzosamente fijo; no puede serlo más que si ese pueblo está él mismo establecido permanentemente en un país determinado. Cuando se trata de un pueblo nómada, las condiciones son muy distintas, y su centro espiritual debe desplazarse con él, aun permaneciendo sin embargo siempre el mismo en el curso de ese desplazamiento; tal fue precisamente el caso del Tabernáculo en tanto que Israel fue errante. He aquí lo que dice al respecto P. Vulliaud, en la obra que ya hemos citado: "Hasta la venida de Abraham, de Isaac y de Jacob, los patriarcas, atrayendo la *Shekinah* aquí abajo, le prepararon tres tronos. Pero su residencia no era fija. Desde entonces Moisés construyó el Tabernáculo, pero ella era peregrina como su pueblo. También se dice que ella no residía aquí abajo (en un lugar determinado), sino en medio de los Israelitas. Ella no tuvo fijeza más que el día que el templo fue construido, para el cual David había preparado el oro, la plata, y todo lo que necesitaba Salomón para concluir la obra[100]. El Tabernáculo de la Santidad de *Jehováh*, la

---

[100] Algunas de las expresiones aquí empleadas evocan (quizás por ignorancia del autor que relata esas cosas) la asimilación establecida frecuentemente entre la construcción del Templo, considerado en su significado ideal, y la "Gran Obra" de los hermetistas.

residencia de la *Shekinah*, es el Santo de los Santos que es el Corazón del Templo, que es él mismo el centro de Sión (Jerusalén), como la santa Sión es el centro de la Tierra de Israel, como la Tierra de Israel es el centro del mundo[101]. La expresión de "Corazón del Mundo", aplicada a Sión, se encuentra especialmente en el *Zohar*, y también en el *Kuzari* de Jehudá Halévi[102]; y, en la última frase que acabamos de citar, se puede remarcar que hay como una serie de extensiones dadas gradualmente a la idea del centro en las aplicaciones que se hacen sucesivamente.

Se pueden también tomar las cosas en el orden inverso, e incluso impulsándolas aún más lejos de lo que acaba de decirse: no solamente todo lo que ha sido enumerado, es decir, la Tierra de Israel, la montaña de Sión, el Templo, el Santo de los Santos o el Tabernáculo, pero todavía, tras éste, el Arca de la Alianza que estaba en el Tabernáculo, y, en fin, sobre el Arca de la Alianza misma, el lugar preciso de la manifestación de la *Shekinah*, situada entre los dos *Kerubim*, representan como otras tantas aproximaciones sucesivas de lo que podemos denominar el "Polo espiritual", según un simbolismo común a todas las tradiciones y lo que ya hemos tenido ocasión de indicar precedentemente[103]: es, podría decirse, como el punto de contacto del Cielo y de la Tierra. Hemos explicado en otro lugar[104] que Dante, por su lado, ha presentado precisamente a Jerusalén como el "Polo espiritual" de nuestro mundo; y es que lo es todavía en otro sentido, y más efectivamente que nunca, desde el Cristianismo, como siendo el lugar donde se ha elevado la cruz del Salvador, que se identifica con el

---

[101] *La Kabbale Juive*, tomo I, p. 509.

[102] *Ibidem*, tomo I, página 353.

[103] Véase nuestro artículo sobre *La idea del Centro en las tradiciones antiguas* (mayo de 1926).

[104] En nuestro estudio sobre *El Esoterismo de Dante*.

"Arbol de Vida", es decir, con el "Eje del Mundo"[105]; su función, que antaño se relacionaba especialmente con el pueblo hebreo, se ha universalizado en cierto modo, desde que se ha cumplido el misterio de la Redención.

Acabamos de ver que la apelación de "Corazón del Mundo" o de "Centro del Mundo" es extendida a la entera Tierra de Israel, en tanto que ésta es considerada como la "Tierra Santa"; y hay que destacar también que ella recibe, en el mismo aspecto, otras diversas denominaciones, entre las cuales la de "Tierra de los Vivientes" es una de las más notables. Se habla de "la Tierra de los Vivientes que comprende siete tierras", y P. Vulliaud observa que "esta tierra es Canaán en la cual había siete pueblos"[106], lo que es exacto en el sentido literal, bien que una interpretación simbólica sea igualmente posible y por ello se dice: "Yo marcharé ante el Señor en las Tierras de los vivientes (be-aretsoth ha-hayim?)" (Ps., CXVI, 9). Se sabe que la liturgia católica emplea esta apelación de "Tierra de los Vivientes" para la morada celestial de los elegidos[107], que era en efecto figurada por la Tierra prometida, puesto que Israel, penetrando en ella, debía ver el fin de sus tribulaciones; y, desde otro punto de vista aún, la Tierra Santa, en tanto que centro espiritual, era una imagen del Cielo, pues, según la tradición judía, "todo lo que hacen los israelitas sobre la tierra se cumple según los tipos de lo que pasa en el mundo celestial"[108].

---

[105] Véase nuestro artículo sobre Los Árboles del Paraíso, (marzo de 1926). Hay ahí una alusión muy clara a esta identificación de la cruz con el "Eje del Mundo" en la divisa de los Cartujos: Stat Crux dum volvitur orbis.

[106] La Kabbale Juive, Tomo II, p. 116.

[107] La expresión de "Tierra de los Vivientes", por otro lado, es efectivamente sinónimo de "morada de inmortalidad"; también, originariamente, es una de las designaciones del Paraíso terrestre, que es la "Tierra Santa" por excelencia.

[108] Ibidem, T. I, p. 501.

Se debe además destacar que el pueblo de Israel no es el único que haya asimilado su país al "Corazón del mundo" y que lo haya considerado como una imagen del Cielo, dos ideas que, por lo demás, no son más que una en realidad; el uso del mismo simbolismo se encuentra en otros pueblos que poseían igualmente una "Tierra Santa", es decir, un país donde estaba establecido un templo espiritual teniendo para ellos una función comparable a la del Templo de Jerusalén para los Hebreos. Podemos repetir a este propósito lo que ya hemos dicho con relación al *Omphalos*, que era siempre la imagen visible del "Centro del Mundo" para el pueblo que habitaba la región donde estaba emplazado; y remitiremos también a lo que añadíamos por entonces (junio de 1926, p. 46) sobre las diferentes tradiciones particulares y sobre su vinculación a la tradición primordial. Se podrá comprender así que países diversos hayan sido calificados simbólicamente de "Corazón del Mundo", teniendo todos los centros espirituales correspondientes una constitución análoga, y frecuentemente hasta en detalles muy precisos, como siendo otras tantas imágenes de un mismo Centro único y supremo.

El simbolismo de que se trata se encuentra especialmente entre los antiguos Egipcios; en efecto, según Plutarco, "los Egipcios dan a su país el nombre de *Chêmia*[109], y la comparan a un corazón"[110]. La razón que da este autor para ello es bastante extraña: "Este país es en efecto cálido, húmedo, contenido en las partes meridionales de la tierra habitada, extendida al Mediodía, como en el cuerpo del hombre el corazón se extiende a la izquierda", pues "los Egipcios consideran al Oriente como el rostro del mundo, al Norte como estando a la

---

[109] *Kêmi*, en lengua egipcia, significa "tierra negra"; de esta palabra ha venido la de *alquimia* (no siendo *al* más que el artículo en árabe), que designaba originariamente la ciencia hermética, es decir, la ciencia sacerdotal de Egipto.

[110] *Isis y Osiris*, 33; traducción de Mario Meunier.

derecha, y al Mediodía, la izquierda"[111]. Esas no son más que similitudes bastante superficiales, y la verdadera razón debe ser muy distinta, puesto que la misma comparación con el corazón ha sido aplicada igualmente a toda tierra a la cual era atribuida un carácter sagrado y "central", en el sentido espiritual, cualquiera que sea su situación geográfica. Por otro lado, lo que justifica aún la interpretación que consideramos, es que, en la información de Plutarco mismo, el corazón, que representaba a Egipto, representaba al mismo tiempo al Cielo, que no podría envejecer puesto que es eterno, por un corazón puesto sobre un brasero cuya llama mantiene su ardor"[112]. Así, mientras que el corazón es él mismo figurado jeroglíficamente por el vaso[113], él es a su vez, y simultáneamente, el jeroglífico de Egipto y el del Cielo[114].

Todavía hemos de señalar, en esta ocasión, una curiosa observación sobre el simbolismo del ibis, que era uno de los emblemas de Toth (llamado Hermès por los Griegos), es decir, de la Sabiduría. Elien, indicando las diversas razones que contribuían a dar a este pájaro un

---

[111] *Ibidem* ,32, p. 112. En la India, al contrario es el Mediodía el designado como el "lado de la derecha", *dakshina*, pero, a pesar de las apariencias, ello se refiere a lo mismo, pues hay que entender por tal el lado que se tiene a la derecha cuando uno se gira hacia al Oriente, y es fácil representarse el lado izquierdo del mundo como extendiéndose hacia la derecha de aquel que lo contempla, e inversamente, como ocurre para dos personas colocadas frente a frente.

[112] *Ibidem*, 10, p. 49. Se observará que ese símbolo, con el significado que aquí se le da, parece poder parangonarse al del fénix.

[113] Véase el artículo de Charbonneau-Lassay sobre El Corazón humano y la noción del Corazón de Dios en la religión del antiguo Egipto (noviembre de 1924), y también nuestro artículo sobre El Sagrado Corazón y la leyenda del Santo Grial (agosto-septiembre de 1925).

[114] M. G. Ferrero (*Las Leyes psicológicas del simbolismo*, p. 142) dice que "Wilkinson da un curioso dibujo de una casa egipcia sobre la fachada de la cual hay una cruz saliendo de un corazón dibujado torpemente y extremadamente semejante a los que se encuentran en ciertos cuadros católicos". Nos limitamos a dar cuenta de este hecho, no pudiendo interpretarlo con seguridad a falta de datos más precisos.

carácter sagrado, dice que, "cuando el ibis repliega su cabeza y su cola bajo las alas, toma la figura de un corazón, y por un corazón representaban los Egipcios jeroglíficamente a Egipto"[115] En fin, puesto que hemos vuelto sobre esta cuestión del corazón en el antiguo Egipto, recordemos todavía un último texto de Plutarco, ya citado aquí por Charbonneau-Lassay[116]: "De todas las plantas que crecen en Egipto, la *persea*, se dice, es la particularmente consagrada a Isis, porque su fruto semeja un corazón, y su hoja una lengua"[117]; y comparémoslo con lo que Charbonneau-Lassay indicaba también anteriormente a propósito de la inscripción funeraria de un sacerdote de Memfis, de la cual "se desprende que los teólogos de la escuela de Memfis distinguían en la obra del Dios Creador la función del pensamiento creador, que ellos llaman la parte del Corazón, y la del instrumento de la creación, que ellos denominan la parte de la Lengua"[118]. Este Corazón y esta Lengua, son exactamente lo que los textos kabalísticos que reproducimos en nuestro último artículo llaman el Pensamiento y la voz, es decir, los dos aspectos interior y exterior del Verbo; hay ahí, entre la tradición hebrea y la tradición egipcia, una similitud tan perfecta como es posible. Esta concordancia de las tradiciones, que se podría sin duda establecer igualmente sobre muchos otros puntos, ¿no explica que

---

[115] *De Natura animalium*, X, 28, citado por Mario Meunier en una nota de su traducción de *Isis y Osiris*, p. 218. Charbonneau-Lassay, a quien hemos señalado este texto, ha hecho una comparación con el dibujo de una vieja alhaja, que parece de proveniencia española, donde se figura, en la mitad de un medallón elipsoide, como los sellos eclesiásticos medievales, una garza o una cigüeña, equivalente occidental del ibis, dispuesto de tal manera que su forma esquemática recuerda la de ciertos vasos antiguos, por lo demás cercana a la de un corazón; y este hecho hace pensar todavía en la asimilación simbólica del vaso y del corazón entre los Egipcios.

[116] *El Corazón y la Lira* (febrero de 1926, paginas 209-210).

[117] *Isis y Osiris*, 68, p. 198. Se notará especialmente la asimilación establecida entre el corazón y el fruto; hemos ya hecho alusión a tal comparación en nuestro último artículo, reservándonos por otra parte volver más tarde sobre ello.

[118] Ibidem.

Hebreos y Egipcios hayan podido tener, cada uno aplicándola a su propio país, la misma idea de la "Tierra Santa" como "Corazón del Mundo" e imagen del Cielo?

Capítulo XIII

CONSIDERACIONES SOBRE EL SIMBOLISMO

Publicado originalmente en Regnabit, nº 6, París, noviembre de 1926.
No recopilada en ninguna otra compilación póstuma.

Hemos ya expuesto aquí algunas consideraciones generales sobre el simbolismo, especialmente en nuestro artículo sobre *El Verbo y el símbolo* (enero de 1926), donde nos hemos esforzado sobre todo por mostrar la razón de ser fundamental de ese modo de expresión tan desconocido en nuestra época. Este desconocimiento mismo, esta ignorancia general de los modernos con respecto a las cuestiones con ello relacionadas, exige que se vuelva con insistencia para considerarlas bajo todos sus aspectos; las verdades más elementales, en este orden de ideas, parecen haber sido casi enteramente perdidas de vista, de suerte que es siempre oportuno recordarlas cada vez que la ocasión de presenta. Eso nos proponemos hacer hoy, y sin duda también en adelante, en la medida que las circunstancias nos lo permitan, y aunque no fuera más que rectificando las opiniones erróneas que encontramos aquí y allá sobre este asunto; en estos últimos tiempos hemos encontrado dos que nos parecen ser destacadas como susceptibles de dar lugar a algunas precisiones interesantes, y su examen será el objetivo del presente artículo y del que seguirá.

I - MITOS Y SÍMBOLOS

Una revista consagrada más especialmente al estudio del

simbolismo masónico ha publicado un artículo sobre la "interpretación de los mitos", en el cual por lo demás se encuentran ciertos puntos de vista bastante ajustados, entre otros que son mucho más contestables o incluso totalmente falseados por los prejuicios ordinarios del espíritu moderno; pero no pretendemos ocuparnos aquí más que de uno solo de los puntos tratados. El autor de este artículo establece, entre "mitos" y "símbolos", una distinción que no nos parece fundada: Para él, mientras que el mito es un relato presentando otro sentido que aquel que las palabras que lo componen expresan directamente, el símbolo sería esencialmente una representación figurativa de ciertas ideas mediante un esquema geométrico o por un dibujo cualquiera; el símbolo sería pues propiamente un modo gráfico de expresión, y el mito un modo verbal. Hay ahí, en lo concerniente a la significación dada al símbolo, una restricción que creemos inaceptable; en efecto, toda imagen tomada para representar una idea, para expresarla o sugerirla de la manera que sea, puede ser considerada como un signo o, lo que viene a ser lo mismo, un símbolo de esta idea; poco importa que se trate de una imagen visual o de cualquier otro tipo de imagen, pues eso no introduce aquí ninguna diferencia esencial y no cambia absolutamente nada en el principio mismo del simbolismo. Este, en todos los casos, se basa siempre en una relación de analogía o de correspondencia entre la idea que se trata de expresar y la imagen, gráfica, verbal u otra, por la cual se expresa; y por ello hemos dicho, en el artículo al cual aludíamos al principio, que las palabras mismas no son y no pueden ser otra cosa que símbolos. Se podría incluso, en lugar de hablar de una idea y de una imagen como acabamos de hacer, hablar de modo aún más general de dos realidades cualesquiera, de órdenes diferentes, entre las cuales existe una correspondencia que a la vez tiene su fundamento en la naturaleza de una y otra: en estas condiciones, una realidad de cierto orden puede ser representada por una realidad de un orden distinto, y ésta es entonces un símbolo de aquella.

El simbolismo así entendido (y, establecido así su principio de la manera que acabamos de recordar, no es apenas posible entenderlo de otro modo), es evidentemente susceptible de una multitud de diversas modalidades; el mito no es sino un simple caso particular, constituyendo una de estas modalidades; se podría decir que el símbolo es el género, y el mito una de las especies. En otros términos, puede considerarse un relato simbólico, tanto y del mismo modo que un dibujo simbólico o que muchas otras cosas aún que tienen el mismo carácter y que juegan el mismo papel; los mitos son relatos simbólicos, como las parábolas evangélicas lo son igualmente; no nos parece que haya aquí nada que pueda dar lugar a la menor dificultad, desde el momento en que se ha comprendido bien la noción general del simbolismo.

Pero aún es necesario hacer, a este propósito, otras observaciones que no carecen de importancia; queremos referirnos a la significación original misma de la palabra "mito". Se toma comúnmente esta palabra como sinónimo de "fábula", entendiendo simplemente por ello una ficción cualquiera, lo más frecuentemente revestida de un carácter más o menos poético; bien parece que los Griegos, de cuya lengua está tomado este término, tengan una parte de responsabilidad en lo que es, a decir verdad, una alteración profunda y una desviación de su sentido primitivo; entre ellos, en efecto, la fantasía individual comenzó bastante pronto a tomar libre curso en todas las formas del arte, el cual, en lugar de mantenerse propiamente hierático y simbólico como entre los Egipcios y los pueblos del Oriente, tomó bien pronto otra dirección, apuntando mucho menos a instruir que a agradar, y desembocando en producciones cuya mayor parte está casi desprovista de todo significado real; es lo que puede llamarse el arte profano. Esta fantasía estética se ejerció en particular sobre los mitos: los poetas, desarrollándolos y modificándolos al arbitrio de su imaginación, los rodearon de ornamentos superfluos y vanos, oscureciéndolos y desnaturalizándolos, tan bien que devino frecuentemente muy difícil reencontrar su sentido y extraer sus elementos esenciales, y podría decirse que finalmente el mito no fue, al menos para la mayoría, más que un símbolo incomprendido, tal como ha quedado para los modernos. Pero esto no es sino abuso; lo que es preciso considerar es que el mito, antes de toda deformación, era propia y esencialmente un relato simbólico, como ya hemos dicho; y, ya desde este punto de vista, "mito" no es sinónimo de "fábula", pues esta última palabra (en latín *fabula*, de *fari*, hablar) no designa etimológicamente sino un relato cualquiera, sin especificar en ningún modo su intención o su carácter; aquí también, por otra parte, el sentido de "ficción" no ha venido a vinculársele sino posteriormente. Hay más: estos dos términos de "mito" y "fábula", que se han llegado a tomar por equivalentes, son derivados de raíces que en realidad tienen un significado opuesto, pues, mientras que la raíz de "fábula" designa la palabra, la de "mito", por extraño que pueda parecer a primera vista cuando se trata de un relato, designa por el contrario al silencio.

En efecto, la palabra griega *muthos*, "mito", proviene de la raíz *mu*, y ésta (que se encuentra en el latín *mutus*, mudo) representa la boca cerrada, y, por consiguiente, al silencio. Tal es el sentido del verbo *muein*, cerrar la boca, callarse (y, por extensión, llega a significar también cerrar los ojos, en sentido propio y figurado); el examen de algunos de los derivados de este verbo es particularmente instructivo[119]. Pero, se dirá ¿cómo es que una palabra que tenga este

---

[119] De *muô* (infinitivo de *muein*) se derivan inmediatamente otros dos verbos que difieren muy poco en su forma, *muaô* y *mueô*; el primero tiene las mismas acepciones que *muô*, y es preciso añadir otro derivado, *mullô*, que significa, también, cerrar los labios y murmurar sin abrir la boca (El latín *murmur* no es por otra parte sino la raíz *mu* prolongada por la letra *r* y repetida, de manera que representa un ruido sordo y continuo producido con la boca cerrada). En cuanto a *mueô*, significa iniciar (en los "misterios", cuyo nombre también es extraído de la misma raíz, como se verá luego, y precisamente por mediación de *mueô* y *mustês*), y, por consiguiente, a la vez instruir (aunque principalmente instruir sin palabras, tal como ocurría efectivamente en los misterios) y consagrar; de esta última acepción ha provenido, en el lenguaje eclesiástico cristiano, la de conferir

origen, ha podido servir para designar un relato de cierto género? Y es que esta idea de "silencio" debe ser relacionada aquí con cosas que, en razón de su propia naturaleza, son inexpresables, al menos directamente y mediante el lenguaje ordinario; una de las funciones generales del simbolismo es efectivamente sugerir lo inexpresable, haciéndolo presentir, o mejor "asentir", a través de las transposiciones que permite efectuar de uno a otro orden, del inferior al superior, de lo que es más inmediatamente aprehensible a lo que no lo es sino mucho más difícilmente; y tal es precisamente el destino primero de los mitos. Es así, por ejemplo, que Platón recurre al empleo de los mitos cuando desea exponer concepciones que sobrepasan el alcance de sus habituales procedimientos dialécticos; y estos mitos, bien lejos de ser solamente los ornamentos literarios más o menos desdeñables que ven demasiado a menudo los comentadores y los "críticos" modernos, corresponden, muy por el contrario, a lo que de más profundo hay en su pensamiento, y que él no puede, a causa de esta misma profundidad, expresar sino simbólicamente. En el mito, lo que se dice es entonces distinto de lo que se quiere decir[120], pero lo sugiere por esta correspondencia analógica que es el fundamento y la esencia misma de todo simbolismo; así, podría decirse, se guarda el silencio hablando, y de ahí el mito ha recibido su denominación. Por lo demás, tal es lo que significan también estas palabras de Cristo: "Para los que son de fuera, y que oyendo no oigan nada, (San Mateo, XIII, 13; San Marcos, IV, 11-12; San Lucas, VIII, 10); se trata aquí de los que no captan más que lo que se dice literalmente, que son incapaces de ir más allá para alcanzar lo inexpresable, y a quienes, consecuentemente, "no ha sido dado conocer el misterio del "Reino de los Cielos".

---

la ordenación.

[120] Es también lo que significa etimológicamente la palabra "alegoría", de *allo agoreuin*, literalmente, "decir otra cosa".

A propósito recordamos esta última frase del texto evangélico, pues es precisamente sobre el parentesco entre las palabras "mito" y "misterio", surgidas ambas de la misma raíz, que nos resta ahora llamar la atención. La palabra griega *mustêrion*, "misterio", se relaciona directamente, también ella, con la idea de "silencio"; y esto, por otra parte, puede interpretarse en numerosos sentidos diferentes, pero ligados uno al otro, y cada uno de los cuales tiene su razón de ser bajo cierto punto de vista. En el sentido más inmediato, diríamos de buena gana el más grosero o al menos el más exterior, el misterio es aquello de lo que no se debe hablar, algo sobre lo que conviene guardar silencio, o que está prohibido dar a conocer exteriormente; es así como se entiende comúnmente, incluso cuando se trata de los misterios antiguos. Sin embargo, pensamos que esta prohibición de revelar cierta enseñanza debe en realidad, dejando aparte las consideraciones de conveniencia que han podido con seguridad desempeñar a menudo un papel, ser considerada como poseyendo también, en cierto modo, un valor simbólico; la "disciplina del secreto", que era de rigor tanto en la primitiva Iglesia cristiana como en los antiguos misterios, no nos parece únicamente una precaución contra la hostilidad debida a la incomprehensión del mundo profano, y vemos otras razones de orden mucho más profundo[121]. Estas razones nos serán indicadas por los restantes sentidos contenidos en la palabra "misterio". Según el segundo sentido, que ya es menos exterior, esta palabra designa lo que debe ser recibido en silencio, aquello sobre lo cual no es conveniente discutir; desde este punto de vista, todos los dogmas de la religión pueden ser llamadas misterios, puesto que son verdades que, por su naturaleza misma, están más allá de toda discusión. Ahora bien, puede

---

[121] No por simple coincidencia hay una estrecha similitud entre las palabras "sagrado" (*sacratum*) y "secreto" (*secretum*): se trata en uno y otro caso de lo que es puesto aparte (*secernere*), poner aparte, de donde el participio *secretum*), reservado, separado del dominio profano. Igualmente, el lugar consagrado es llamado *templum*, cuya raíz es *tem* (que aparece en el griego *temnô*, cortar, recortar, separar, de donde *temenos*, recinto sagrado) expresa exactamente la misma idea.

decirse que propagar desconsideradamente entre los profanos los misterios así entendidos, sería inevitablemente librarlos a la discusión, con todos los inconvenientes que pueden resultar de ello y que resume perfectamente la palabra "profanación", que debe ser tomada aquí en su acepción más literal y más completa; y ahí está el sentido de este precepto del Evangelio: "No deis las cosas santas a los perros, y no lancéis las perlas a los puercos, no sea que las pisoteen y que, revolviéndose, os destrocen" (San Mateo, VIII, 6), En fin, hay un tercer sentido, el más profundo de todos, según el cual el misterio es propiamente inexpresable, no puede sino contemplarse en silencio; y, como lo inexpresable es al mismo tiempo y por ello mismo lo incomunicable, la prohibición de revelar la enseñanza sagrada simboliza, desde este nuevo punto de vista, la imposibilidad de expresar con palabras el verdadero misterio del cual esta enseñanza no es, por así decir, sino el ropaje, que lo manifiesta y lo vela al mismo tiempo. La enseñanza concerniente a lo inexpresable no puede evidentemente sino sugerir con ayuda de imágenes apropiadas, que serán como los soportes de la contemplación; después de lo que hemos explicado, ello significa que tal enseñanza toma necesariamente la forma simbólica. Tal fue siempre, y en todos los pueblos, uno de los caracteres esenciales de la iniciación a los misterios, sea cual sea por otra parte el nombre que los haya designado; puede decirse entonces que los símbolos (y en particular los mitos cuando esta enseñanza se traduce en palabras), constituyen verdaderamente el lenguaje de esta iniciación.

No nos resta ya, para completar este estudio, sino recordar un último término estrechamente emparentado con aquellos de los que acabamos de establecer el parentesco: es la palabra "mística", que, etimológicamente, se aplica a todo lo concerniente a los misterios[122].

---

[122] *Mustikos* es el adjetivo de *mustês*, iniciado, luego equivale originariamente a "iniciático" y

No hemos de examinar aquí los matices más o menos especiales que han venido, a continuación, a restringir un poco el sentido de esta palabra; nos limitaremos a considerarla en su acepción primera, y, puesto que la significación más esencial y más central del misterio, es lo inexpresable, ¿no podría decirse que lo que se llama los estados místicos, son estados en los cuales el hombre alcanza directamente eso inexpresable? Eso es precisamente lo que declara San Pablo, hablando según su propia experiencia: "Conozco un hombre en Cristo que, hace catorce años, fue arrebatado al tercer cielo (si fue en el cuerpo o sin su cuerpo, no lo sé. Dios lo sabe). Y yo sé que este hombre (si fue en el cuerpo o sin su cuerpo, no lo sé, Dios lo sabe) fue llevado al paraíso, y que ha oído cosas inefables, que no es posible expresar en una lengua humana" (II Epístola a los Corintios, XII, 2-3). En tales condiciones, aquel que quiera traducir algo del conocimiento que haya adquirido en esos estados, en la medida que ello sea posible, y aun sabiendo que toda expresión será imperfecta e inadecuada, deberá inevitablemente recurrir a la forma simbólica; y los verdaderos místicos, cuando han escrito, no han hecho jamás otra cosa; ello ¿no debería dar que reflexionar para ciertos adversarios del simbolismo?

---

designa todo lo relacionado con la iniciación, en su enseñanza y en su objeto mismo.

Capítulo XIV

Consideraciones sobre el simbolismo

II - Simbolismo y filosofía

Publicado originalmente en Regnabit, nº 7, París, diciembre de 1926.
No recopilado en otra compilación póstuma.

Hemos encontrado, no esta vez en una revista masónica, sino en una revista católica[123], una aserción que puede parecer muy extraña: "El simbolismo, se decía, surge no de la filosofía, sino de la literatura". A decir verdad, no estamos dispuestos a protestar, por nuestro lado, contra la primera parte de esta aserción, y diremos el porqué en todo momento; pero lo que hemos encontrado sorprendente e incluso inquietante, es su segunda parte. Las parábolas evangélicas, las visiones de los profetas, el Apocalipsis, muchas otras cosas aún, entre las que contiene la Escritura santa, todo eso, que es del simbolismo más incontestable, no sería pues más que "literatura". Y nos hemos acordado que precisamente la "crítica" universitaria y modernista aplique de buena gana esta palabra a los Libros sagrados, con la intención de negar implícitamente así su carácter inspirado, remitiéndolas a proporciones

---

[123] Se nos excusará por no dar de una manera más precisa la indicación de las revistas y de los artículos a los que hacemos alusión; la razón de ello es que pretendemos evitar cuidadosamente, en estos estudios de un carácter puramente doctrinal, todo lo que podría proporcionar el menor pretexto para una polémica cualquiera.

puramente humanas. Esta intención, sin embargo, es bien cierto que no está en la frase que acabamos de citar; ¡pero qué peligroso es escribir sin sopesar suficientemente los términos que se emplean! No vemos más que una sola explicación plausible: y es que el autor lo ignora todo del verdadero simbolismo, y que este término no ha evocado apenas en él más que el recuerdo de cierta escuela poética que, hace una treintena de años, se titulaba en efecto "simbolista", no se sabe demasiado el porqué. Sin duda, ese pretendido simbolismo, no era más que literatura; pero tomar por la verdadera significación de una palabra lo que no es más que un empleo abusivo de ella, he aquí una lamentable confusión por parte de un filósofo. Sin embargo, en el caso presente, sólo hemos quedado sorprendidos a medias, justamente porque se trata de un filósofo, de un "especialista" que se encierra en la filosofía y no quiere conocer nada fuera de ésta; por ello todo lo que toca al simbolismo se le escapa inevitablemente.

Hay un punto sobre el que queremos insistir: decimos, nosotros también que el simbolismo no brota de la filosofía; pero las razones de ello no son de ningún modo las que puede dar nuestro filósofo. Este declara que, si es así, es porque el simbolismo es una "forma del pensamiento"[124]; nosotros añadiremos: y porque la filosofía es otra, radicalmente diferente, opuesta incluso en ciertos aspectos. Iremos incluso más lejos: esta forma de pensamiento que representa la filosofía no corresponde más que a un punto de vista muy especial y no es válido más que en un dominio bastante restringido; el simbolismo tiene muy distinto alcance; si se trata de dos formas del pensamiento, sería un error querer ponerlas sobre el mismo plano. Que los filósofos tengan otras pretensiones, ello no prueba nada; para poner las cosas en su justo lugar, hace falta ante todo considerarlas con

---

[124] Parece, siempre según el mismo autor, que la filosofía no estudia las formas el pensamiento que "no estudia más que losactos"; esas son sutilidades cuyo interés se nos escapa.

imparcialidad, lo que no pueden hacer en este caso. Sin duda, no pretendemos prohibir a los filósofos el ocuparse de las cosas más diversas; pueden intentar por ejemplo constituir una "psicología del simbolismo", y algunos no se han privado de ello; eso podrá siempre llevarles a plantear cuestiones interesantes, incluso si deben dejarlas sin solución; pero nos hemos persuadido que, en tanto que filósofos, no llegarán nunca a penetrar el sentido profundo del menor símbolo, porque hay ahí algo que está enteramente fuera de su manera de pensar y que sobrepasa su competencia.

No podemos ni soñar en tratar la cuestión con todos los desarrollos que comportaría; pero daremos al menos algunas indicaciones que, creemos, justificarán suficientemente lo que acabamos de decir. Y, primero, los que se sorprendieran de vernos no atribuir a la filosofía más que una importancia secundaria, una posición subalterna en cierto modo, no tendrán sino que reflexionar en lo que hemos expuesto ya en uno de nuestros precedentes artículos (*Le Verbe et le Symbole*, enero de 1926): en el fondo, toda expresión, cualquiera que sea, tiene forzosamente un carácter simbólico, en el sentido más general de la palabra; Los filósofos no pueden hacer otra cosa que servirse de palabras, y estas palabras, en sí mismas, no son ni pueden ser nada más que símbolos; es entonces, en cierta forma, la filosofía la que entra en el dominio del simbolismo, y está por consiguiente subordinada a éste, y no a la inversa.

Sin embargo, hay, bajo otro aspecto, una oposición entre filosofía y simbolismo, si se entiende este último en la acepción un poco más restringida que se le da habitualmente. Esta oposición la hemos indicado también en el mismo artículo; la filosofía (que no hemos designado entonces especialmente) es, como todo lo que se expresa con las formas ordinarias del lenguaje, esencialmente analítica, mientras que el simbolismo propiamente dicho es esencialmente sintético. La filosofía, representa el tipo del pensamiento discursivo y esto es lo que le impone las limitaciones que no puede franquear; por el contrario, el simbolismo es, podría decirse, el soporte del pensamiento intuitivo y, por ahí, él abre posibilidades verdaderamente ilimitadas.

La filosofía, debido a su carácter discursivo, es algo exclusivamente racional, puesto que éste es el carácter que pertenece propiamente a la razón misma; el dominio de la filosofía y sus posibilidades no puede entonces extenderse en ningún caso más allá de lo que la razón es capaz de alcanzar; y aún así no representa sino cierta utilización muy particular de esta facultad, pues hay, en el orden mismo del conocimiento racional, muchas cosas que no son de la incumbencia de la filosofía. No contestamos, por lo demás, en absoluto el valor de la razón en su dominio; pero este valor no puede ser sino relativo, como igualmente lo es este dominio; y, además, la misma palabra *ratio*, ¿no tenía primitivamente el sentido de "relación"? No contestamos tampoco la legitimidad de la dialéctica, a pesar de que los filósofos abusan de ella demasiado a menudo; pero esta dialéctica, en todo caso, no debe ser jamás sino un medio y no un fin en sí misma, y, además, puede que este medio no sea aplicable indistintamente a todo; para darse cuenta de esto, solamente es preciso salir de los límites de la dialéctica, y esto es lo que no puede hacer la filosofía como tal.

Incluso admitiendo que la filosofía pueda ir tan lejos como le es teóricamente posible, y queremos decir con esto hasta los límites extremos del dominio de la razón, esto será todavía en verdad bien poco, pues, sirviéndonos de una expresión evangélica, "una sola cosa es necesaria", y es precisamente esta "cosa" lo que le permanecerá siempre prohibida, porque está por encima y más allá de todo conocimiento racional. ¿Qué pueden los métodos discursivos del filósofo frente a lo inexpresable, que es, como explicamos antes, el "misterio" en el más profundo y cierto sentido de la palabra? Por el contrario, el simbolismo, tiene por función esencial hacer "asentir" esto inexpresable, suministrar el soporte que permitirá a la intuición intelectual efectivamente alcanzarlo; ¿quién, entonces, habiendo comprendido esto, osaría todavía negar la inmensa superioridad del simbolismo y cuestionar que su alcance supera incomparablemente al de toda posible filosofía? Por excelente y perfecta en su género que pueda ser una filosofía (y no es ciertamente en las filosofías modernas en lo que pensamos al admitir semejante hipótesis), no es sin embargo todavía sino "paja"; es Santo Tomás de Aquino mismo quien lo ha dicho, y podemos creerle.

Pero hay todavía algo más: considerando al simbolismo como una "forma de pensamiento", no se le enfoca en suma sino desde el punto de vista puramente humano, que por lo demás es evidentemente el único bajo el cual sea posible una comparación con la filosofía; debe sin duda considerársele así, en tanto que es un modo de expresión utilizado por el hombre, pero, a decir verdad, esto está muy lejos de ser suficiente. Aquí, estamos obligados para no repetirnos demasiado, a remitirnos a nuestro artículo sobre *El Verbo y el símbolo*: allí hemos explicado, en efecto, cómo hay en el simbolismo lo que se podría llamar una vertiente divina, pero que sobre todo se funda esencialmente sobre la correspondencia del orden natural con el orden sobrenatural, correspondencia en virtud de la cual la naturaleza entera no recibe su verdadera significación más que si se la considera como un soporte para elevarnos al conocimiento de las verdades divinas, la que es precisamente la función propia del simbolismo. Esta connivencia profunda con el plan divino hace del simbolismo algo "no-humano", según el término hindú que citábamos por entonces, algo que remonta más alto y más lejos que la humanidad, puesto que este origen está en la obra misma del Verbo: está primero en la creación misma, y está a continuación en la Revelación primordial, en la gran Tradición de la cual todas las demás no son sino formas derivadas, y que fue siempre en realidad, como también hemos ya dicho (junio de 1926, p. 46), la única verdadera religión de la humanidad entera[125].

Frente a esos títulos del simbolismo, que le proporcionan su valor trascendente, ¿cuáles son los que la filosofía podría reivindicar? El origen del simbolismo se confunde verdaderamente con el origen de los tiempos, e incluso, en un sentido, está más allá de los tiempos; y, obsérvese bien, no hay ningún símbolo verdaderamente tradicional que pueda ser relacionado con un inventor humano, del cual pueda decirse que ha sido imaginado por tal o cual individuo; ¿y no debería esto hacer reflexionar a quienes son capaces de ello? Toda filosofía, por el contrario, no se remonta sino a una determinada época y, en suma, siempre reciente, incluso aunque se trate de la antigüedad clásica, que no es sino una antigüedad muy relativa (lo que demuestra por otra parte que, incluso humanamente, esta forma especial de pensamiento no tiene nada de esencial[126]); es la obra de un hombre cuyo nombre nos es conocido así como la fecha en que ha vivido, y es además normalmente este nombre lo que sirve para designarla, lo que muestra bien que no hay aquí nada que no sea humano e individual. Esta es la razón por la que dijimos hace un momento que no se puede ni soñar con establecer una comparación cualquiera entre la filosofía y el simbolismo sino a condición de limitarse a considerar a éste exclusivamente por el lado humano, ya que, por todos los demás, no podría encontrarse en el orden filosófico ni equivalencia ni tampoco correspondencia de cualquier género que sea.

Luego la filosofía es, si se quiere, la "sabiduría humana", pero no

---

[125] Debemos decir claramente a este respecto, para no dejar sitio a ningún equívoco, que rechazamos absolutamente dar el nombre de "tradición" a todas las cosas puramente humanas y "profanas" a las cuales se aplica frecuentemente de una manera abusiva, y, en particular, a una doctrina filosófica cualquiera que sea.

[126] Habría que preguntarse el porqué la filosofía ha nacido en el siglo VI antes de nuestra era, época que presenta caracteres muy singulares.

es más que esto, y he aquí por qué decimos que es bien poca cosa; y no es sino esto ya que se trata de una especulación completamente racional, y que la razón es una facultad puramente humana, incluso con la que se define esencialmente a la naturaleza individual humana como tal. "Sabiduría humana" es tanto como decir "sabiduría mundana", en el sentido en que el "mundo" es especialmente entendido en el Evangelio[127]; podríamos aún, en el mismo sentido, decir también "sabiduría profana"; todas estas expresiones son en el fondo sinónimas, e indican claramente que no se trata de la verdadera sabiduría, de la cual no es mas que una sombra.

Podemos, para concluir este punto, resumir en pocas palabras el fondo de nuestro pensamiento: la filosofía no es propiamente sino "saber profano", mientras que el simbolismo, entendido en su verdadero sentido, forma parte esencialmente de la "ciencia sagrada". Hay desgraciadamente, sobre todo en nuestra época, quienes son incapaces de hacer como conviene la distinción entre estos dos órdenes de conocimiento; pero no es a ellos a quienes nos dirigimos, pues, declarémoslo muy claramente en esta ocasión, es únicamente de "ciencia sagrada" de lo que pretendemos ocuparnos por nuestra parte.

P. S.- Un amigo de *Regnabit* nos ha comunicado dos notas aparecidas una en *l'Ilustration* del 20 de marzo y la otra en *Nature* del 26 de junio de 1926, y concerniendo a un misterioso símbolo grabado sobre la pared de un acantilado abrupto que bordea el macizo de los Andes peruanos. Este signo, del que se sabe solamente que existía a la llegada de los españoles, es llamado el candelabro de las tres cruces, denominación que da una idea bastante exacta de su forma general. Sus líneas están constituidas por zanjas profundamente vaciadas en la

---

[127] En sánscrito, la palabra *laukika*, "mundano", (adjetivo derivado de *loka*, "mundo") es tomada a menudo con la misma acepción que en el lenguaje evangélico, y esta concordancia nos parece muy digna de señalar.

pared; su altura parece ser de 200 a 500 metros, y, en tiempo claro, es visible a simple vista a una distancia de 21 kilómetros. El autor de las dos notas en cuestión, M. V. Forbin, no propone ninguna interpretación de ese símbolo; según las fotografías, desgraciadamente poco nítidas, que acompañan su texto, pensamos que debe tratarse de una representación del "Arbol de Vida", y y a este título creemos interesante señalarlo aquí, como complemento a nuestro artículo sobre *Los Arboles del Paraíso* (marzo de 1926). En ese artículo, en efecto, hemos hablado del árbol triple cuyo tallo central figura propiamente el "Arbol de Vida", mientras que los otros dos representan la doble naturaleza del "Arbol de la Ciencia del bien y del mal"; tenemos aquí un ejemplo iconográfico tanto más notable cuento que la forma dada a los tres tallos evoca el conjunto, simbólicamente equivalente como lo explicamos entonces, que está constituido por la cruz de Cristo y las de los dos ladrones. Se sabe además que, en las esculturas de los antiguos templos de la América central, el "Arbol de Vida" es frecuentemente representado bajo la forma de una cruz, lo que confirma bastante fuertemente nuestra interpretación.

Capítulo XV

CORAZÓN Y CEREBRO

Publicado originalmente en Regnabit, París, enero de 1927.
Recopilado posteriormente en esta compilación
y en Symboles de la Science Sacrée.

Hemos leído recientemente, en la revista Vers l'Unité (julio-agosto y setiembre-octubre de 1926), un estudio, firmado por la señora Th. Darel, donde se encuentran algunas consideraciones bastante próximas, en ciertos aspectos, a aquellas que hemos tenido ocasión de exponer por nuestra parte. Quizá habría que formular reservas acerca de ciertas expresiones, que no nos parecen tener toda la precisión deseable; pero no por eso creemos menos interesante reproducir para los lectores de *Regnabit* diversos pasajes de dicho estudio.

"...Si hay un movimiento esencial, es el que ha hecho del hombre un ser vertical, de estabilidad voluntaria, un ser cuyos impulsos de ideal, cuyas plegarias, cuyos sentimientos más elevados y puros suben como incienso hacia los cielos. De ese ser, el Ser supremo ha hecho un templo en el Templo y para ello le dotó de un corazón, es decir, de un punto de apoyo inmutable, de un centro de movimiento que hace al hombre adecuado a sus orígenes, semejante a su Causa primera. Al mismo tiempo, es verdad, el hombre fue provisto de un cerebro; pero este cerebro, cuya inervación es propia del reino animal integro, se encuentra *de facto* sometido a un orden de movimiento secundario (con respecto. al movimiento inicial). El cerebro, instrumento del pensamiento encerrado en el mundo, y transformador, para uso del hombre y del mundo, de ese *Pensamiento latente*, hace a éste realizable por intermedio suyo. Pero solo el corazón, por un aspir y un expir secretos, permite al hombre, permaneciendo unido a su Dios, ser *Pensamiento viviente*. Así, gracias a esta pulsación regia, el hombre conserva su palabra de divinidad y opera bajo la égida de su Creador, observante de su Ley, feliz de una dicha, que le pertenece a él únicamente, de raptarse a sí mismo, apartándose de la vía secreta que lleva de su corazón al Corazón universal, al Corazón divino... Recaído al nivel de la animalidad, por superior que tenga el derecho de llamarse, el hombre ya no tiene que hacer uso sino del cerebro y sus anexos. Obrando así, vive de sus solas posibilidades transformadoras; vive del Pensamiento latente expandido en el mundo; pero ya no está en su poder el ser pensamiento vivo. Empero, las Religiones, los Santos, los monumentos mismos elevados bajo el signo de una ordenación espiritual desaparecida, hablan al hombre de su origen y de los privilegios propios de éste. Por poco que lo quiera, su atención, exclusivamente dirigida a las necesidades inherentes a su estado relativo, puede dedicarse a restablecer en él el equilibrio, a recobrar la felicidad... El exceso de sus extravíos lleva al hombre a reconocer la inanidad de ellos. Sin aliento, he ahí que por un movimiento instintivo se repliega sobre sí mismo, se refugia en su propio corazón, y, tímidamente, trata de descender a su cripta silenciosa. Allí los vanos ruidos del mundo se acallan. Si permanecen aún, quiere decir que la profundidad muda no ha sido alcanzada todavía, que el umbral augusto no ha sido franqueado aún... El mundo y el hombre son uno. Y el Corazón del hombre, el Corazón del mundo, son un *solo* Corazón."

Los que han conocido nuestros precedentes artículos, advertirán sin dificultad en este texto la idea del corazón como centro del ser, idea que, según lo hemos explicado (y volveremos sobre ella) es común a todas las tradiciones antiguas, procedentes de esa Tradición primordial cuyos vestigios se encuentran aún en todas partes para quien sabe verlos. Advertirán también la idea de la caída que rechaza al hombre lejos de su centro original e interrumpe pera él la comunicación directa con el "Corazón del Mundo", tal como estaba establecida de modo normal y permanente en el estado edénico[128].

Advertirán, por último, en lo que concierne al papel central del corazón, la indicación del doble movimiento centrípeto y centrífugo, comparable a las dos fases de la respiración[129]; es cierto que, en el pasaje que citaremos enseguida, la dualidad de esos movimientos está referida a la del corazón y el cerebro, lo que parece a primera vista introducir alguna confusión, aun cuando eso sea también sostenible situándose en un punto de vista algo diferente, en que corazón y cerebro se encaran como constituyendo en cierto modo dos polos en el ser humano.

"En el hombre, la fuerza centrífuga tiene por órgano el *Cerebro*, la fuerza centrípeta, el *Corazón*. El Corazón, sede y conservador del movimiento inicial, está representado en el organismo corpóreo por el movimiento de diástole y de sístole que devuelve continuamente a su propulsor la sangre generadora de vida física y la rechaza para irrigar el campo de su acción. Pero el Corazón es además otra cosa. Como el sol, que, a la vez que difunde los efluvios de la vida, guarda el secreto de su realeza mística, el Corazón reviste funciones sutiles, no discernibles para quien no se ha inclinado hacia la vida profunda y no ha concentrado su atención en el reino interior del cual él es el Tabernáculo... El Corazón es, en nuestra opinión, la sede y el conservador de la vida cósmica. Las religiones lo sabían cuando hicieron del Corazón el símbolo sagrado, y también los constructores de catedrales que erigieron el lugar santo en el corazón del Templo.

---

[128] Ver "Le Sacré-Coeur et la légende du Saint Graal", agosto-septiembre de 1925.

[129] Véase "La Idee du Centre das les traditions antiques", mayo de 1926, p.485.

Lo sabían también aquellos que en las tradiciones más antiguas, en los ritos más secretos, hacían abstracción de la inteligencia discursiva, imponían silencio a sus cerebros para entrar en el Santuario y elevarse más allá de su ser relativo hasta el Ser del ser. Este paralelismo del Templo y el Corazón nos reconduce al doble modo de movimiento, que, por una parte (modo vertical), eleva al hombre más allá de sí mismo y lo desprende del proceso propio de la manifestación, y, por otra parte, (modo horizontal o circular), le hace participar esa manifestación íntegra."

La comparación del Corazón y del Templo, a la cual se alude aquí, la hemos encontrado más particularmente en la Kábala hebrea[130], y, según lo indicábamos anteriormente, se pueden poner en conexión con ella las expresiones de ciertos teólogos medievales que asimilan el Corazón de Cristo al Tabernáculo o al Arca de la Alianza[131], Por lo demás, en lo que respecta a la consideración de los movimientos vertical y horizontal, hay referencia a un aspecto del simbolismo de la cruz, especialmente desarrollado en ciertas escuelas de esoterismo musulmán, sobre las cuales hablaremos quizás alguna vez; en efecto, de ese simbolismo se trata en la continuación del mismo estudio, del cual extraeremos una última cita, cuyo comienzo podrá relacionarse con lo que hemos dicho, con motivo de los símbolos del centro, acerca de la cruz en el circulo y acerca de la esvástica[132].

"La Cruz es el signo cósmico por excelencia. Tan lejos como es posible remontarse en el pasado, la Cruz representa lo que une lo

---

[130] Véase "Le Coeur du Monde dans la Kabbale hébraique", julio-agosto de 1926; "La Terre Sainte et le Coeur du Monde", septiembre- octubre de 1926.

[131] "A propos des signes corporatifs et de leur sens original", febrero de 1926.

[132] "L'Idée du Centre dans les traditions antiques" ("La idea del Centro en las tradiciones antiguas"), mayo de 1926.

vertical y lo horizontal en su doble significación; ella hace participar, al movimiento que les es propio, de un solo centro, de un mismo generador... ¿Cómo no otorgar un sentido metafísico a un signo capaz de responder tan completamente a la naturaleza de las cosas? Al haberse convertido en el símbolo casi exclusivo de la crucifixión divina, la Cruz no ha hecho sino acentuar su significación sagrada. En efecto, si desde los orígenes ese signo fue representativo de las relaciones del mundo y el hombre con Dios, resultaba imposible no identificar la Redención y la Cruz, no clavar en la Cruz al Hombre cuyo Corazón es en el más alto grado representativo de lo divino en un mundo olvidado de ese misterio. Si hiciéramos aquí exégesis, sería fácil mostrar hasta qué punto los Evangelios y su simbolismo profundo son significativos a este respecto. Cristo es más que un hecho, más que el gran Hecho de hace dos mil años. Su figura es de todos los siglos. Surge de la tumba a donde baja el hombre relativo, para resucitar incorruptible en el Hombre divino, en el Hombre rescatado por el Corazón universal que late en el corazón del Hombre, y cuya sangre se derrama para salvación del hombre y del mundo."

La última observación, aunque formulada en términos un tanto oscuros, coincide en el fondo con lo que decíamos sobre el valor simbólico que, aparte de su realidad propia (y, entiéndase bien, sin que ésta sea en modo alguno afectada por ello), tienen los hechos históricos, y sobre todo los hechos de la historia sagrada[133]; pero nos proponemos insistir ahora sobre estas consideraciones. Nuestro propósito es volver, aprovechando la oportunidad que así se nos ofrece, sobre el asunto de las relaciones entre corazón y cerebro, o entre las facultades representadas por estos dos órganos; ya hemos dado ciertas indicaciones a este respecto[134], pero creemos que no será

---

[133] "Les Arbres du Paradis", en *Regnabit*, marzo de 1926, p. 295.

[134] "Le Coeur rayonnant et le Coeur enflammé", en *Regnabit*, abril de 1926, p. 384.

inútil aportar nuevos desarrollos.

Acabamos de ver que, en cierto sentido, se puede considerar al corazón y al cerebro como dos polos, es decir, como dos elementos complementarios; este punto de vista del complementarismo corresponde efectivamente a una realidad en cierto orden, en cierto nivel, si así puede decirse; e inclusive es menos exterior y superficial que el punto de vista de la oposición pura y simple, que encierra empero también una parte de verdad, aunque solo ateniéndose a las apariencias más inmediatas. Con la consideración del complementarismo, la oposición se encuentra ya conciliada y resuelta, por lo menos hasta cierto punto, pues sus dos términos se equilibran en cierto modo el uno por el otro. Con todo, este punto de vista es insuficiente aún, por el hecho mismo de que deja subsistir, pese a todo, una dualidad: que hay en el hombre dos polos o dos centros, entre los cuales, por lo demás, puede existir antagonismo o armonía según los casos, es verdad cuando se lo encara en cierto estado; pero, ¿no es éste un estado que podría decirse "desunido" o "descentrado", y que, como tal, caracteriza propiamente sólo al hombre caído, o sea, separado de su centro original, según lo recordábamos poco antes? En el momento mismo de la caída Adán adquiere "el conocimiento del bien y del mal" (*Génesis*, III, 22), es decir, comienza a considerar todas las cosas según el aspecto de la dualidad; la naturaleza dual del "Árbol de la Ciencia" se le aparece cuando se encuentra expulsado del lugar de la unidad primera, a la cual corresponde el "Árbol de Vida"[135].

Como quiera que fuere, lo cierto es que, si la dualidad existe efectivamente en el ser, no puede ser sino desde un punto de vista

---

[135] Véase "Les Arbres du Paradis", marzo de 1926. De ciertas comparaciones que pueden establecerse entre el simbolismo bíblico y apocalíptico y el simbolismo hindú, resulta muy claramente que la esencia del "Árbol de Vida" es propiamente lo "Indivisible" (en sánscrito, *Aditi*); pero desarrollar esto nos apartaría demasiado de nuestro tema.

contingente y relativo; situándose desde otro punto de vista, más profundo y esencial, o enfocando al ser en el estado que corresponde a tal punto de vista, la unidad de ese ser debe encontrarse restaurada[136]. Entonces, la relación entre los dos elementos, que al comienzo aparecían como opuestos y después como complementarios, se transforma en otra: es una relación, no ya de correlación o de coordinación, sino de subordinación. Los dos términos de esa relación, en efecto, no pueden colocarse en un mismo plano, como si hubiese entre ambos una especie de equivalencia; al contrario, el uno depende del otro como teniendo su principio en él; y tal es el caso para lo que respectivamente representan el cerebro y el corazón.

Para hacerlo comprender, volveremos al simbolismo ya indicado[137], según el cual el corazón se asimila al sol y el cerebro a la luna. Ahora bien; el sol y la luna, o más bien los principios cósmicos representados por estos dos astros, se figuran a menudo como complementarios, y en efecto lo son desde cierto punto de vista; se establece entonces entre ambos una suerte de paralelismo o de simetría, ejemplos de lo cual seria fácil encontrar en todas las tradiciones. Así, el hermetismo hace del sol y la luna (o de sus equivalentes alquímicos, el oro y la plata) la imagen de los dos principios, activo y pasivo, o masculino y femenino según otro modo de expresión, que constituyen ciertamente los dos términos de un verdadero complementarismo[138]. Por otro lado, si se consideran las

---

[136] Cabe recordar aquí el adagio escolástico: "*Esse et unum convertuntur*".

[137] "Le Coeur rayonnant et le Coeur enflammé", abril de 1926, p. 384.

[138] Por otra parte, debe señalarse que, en cierto respecto, cada uno de los dos términos puede polarizarse a su vez en activo y pasivo, de donde las figuraciones del sol y de la luna como andróginos; así, Jano, en uno de sus aspectos, es *Lunus-Luna*, según lo hemos señalado anteriormente ["A propos de quelques symboles hermético-religieux", en *Regnabit*, diciembre de 1925]. Puede comprenderse, por consideraciones análogas, que la fuerza centrífuga y la centrípeta estén referidas respectivamente, desde cierto punto de vista, al cerebro y al corazón, y que, desde

apariencias de nuestro mundo, según es legítimo hacerlo, el sol y la luna tienen efectivamente papeles comparables y simétricos, siendo, según la expresión bíblica, "los dos grandes luminares, el luminar mayor como regidor del día y el luminar menor como regidor de la noche" (*Génesis*, 1, 16); y algunas lenguas extremo-orientales (chino, annamita, malayo) los designan con términos que son, análogamente, simétricos, pues significan "ojo del día" y "ojo de la noche" respectivamente. Empero, si se va más allá de las apariencias, no e posible ya mantener esa especie de equivalencia, puesto que el sol es por sí mismo una fuente de luz, mientras que la luna no hace sino reflejar la luz que recibe de él[139]. La luz lunar no es en realidad sino un reflejo de la luz solar; podría decirse, pues, que la luna, en cuanto "luminar", no existe sino por el sol.

Lo que es verdadero para el sol y la luna lo es también del corazón y el cerebro, o, por decir mejor, de las facultades a las cuales corresponden esos dos órganos y que están simbolizadas por ellos, es decir, la inteligencia intuitiva y la inteligencia discursiva o racional. El cerebro, en cuanto órgano o instrumento de esta última, no desempeña verdaderamente sino un papel de "transmisor" o, si se quiere, de "transformador"; y no sin motivo se aplica la palabra "reflexión" al pensamiento racional, por el cual las cosas no se ven sino cómo en espejo, *quasi per speculum*, como dice San Pablo. No sin motivo tampoco, una misma raíz, *man* o *men*, ha servido en lenguas diversas para formar los numerosos vocablos que designan por una

---

otro, lo estén ambas al corazón, como correspondiendo a dos fases complementarias de su función central.

[139] Esto podría generalizarse: la "receptividad" caracteriza siempre y en todas partes al principio pasivo, de modo que no hay verdadera equivalencia entre éste y el principio activo, aunque, en otro sentido, sean mutuamente necesarios, no siendo el uno activo y el otro pasivo sino en esa su mutua relación.

parte la luna (griego *mènê*, inglés *moon*, alemán *Mond*)[140], y, por otra, la facultad racional o lo "mental" (sánscrito *manas*, latín *mens*, inglés *mind*)[141], y también, consiguientemente, al hombre considerado más especialmente según la naturaleza racional por la cual se define específicamente (sánscrito *manava*, inglés *man*, alemán *Mann* y *Mensch*)[142]. La razón, en efecto, que no es sino una facultad de conocimiento mediato, es el modo propiamente humano de la inteligencia; la intuición intelectual puede llamarse suprahumana, puesto que es una participación directa de la inteligencia universal, la cual, residente en el corazón, es decir, en el centro mismo del ser, allí donde está su punto de contacto con lo Divino, penetra a ese ser desde el interior y lo ilumina con su irradiación[143].

La luz es el símbolo más habitual del conocimiento; luego es natural representar por medio de la luz solar el conocimiento directo, es decir, intuitivo, que es el del intelecto puro, y por la luz lunar el conocimiento reflejo, es decir, discursivo, que es el de la razón. Como la luna no puede dar su luz si no es a su vez iluminada por el sol, así tampoco la razón puede funcionar válidamente, en el orden de

---

[140] De ahí también el nombre del "mes" (latín *mensis*, inglés *month*, alemán *Monat*), que es propiamente la "lunación". A la misma raíz pertenece igualmente la idea de "medida" (lat. *mensura*) y la de división o reparto; pero esto también nos llevaría demasiado lejos.

[141] La memoria se encuentra también designada por palabras similares (griego *mnêsis*, *mnêmosynê*); en efecto, ella también no es sino una facultad –"reflejante", y la luna, en cierto aspecto de su simbolismo, se considera /como representante de la "memoria cósmica".

[142] De ahí proviene igualmente el nombre de la Minerva (o Menerva) de los etruscos y latinos; es de notar que la Athéna de los griegos, que le esta asimilada, se considera nacida del cerebro de Zeus y tiene por atributo la lechuza, la cual, en su carácter de ave nocturna, se refiere también al simbolismo lunar; a este respecto, la lechuza se opone al águila, que, al poder mirar al sol de frente, representa a menudo la inteligencia intuitiva o la contemplación directa de la luz inteligible.

[143] Véase "Le Coeur rayonnant et le Coeur enflamée", abril de 1926; "La Terre Sainte et le Coeur du Monde", septiembre-octubre de 1926.

realidad que es su dominio propio, sino bajo la garantía de principios que la iluminan y dirigen, y que ella recibe del intelecto superior. Hay a este respecto un equivoco que importa disipar: los filósofos modernos[144] se engañan extrañamente al hablar, como lo hacen, de "principios racionales", como si tales principios pertenecieran de modo propio a la razón, como si fuesen en cierto modo su obra, cuando, al contrario, para gobernarla, es menester que aquellos se impongan necesariamente a ella, y por lo tanto procedan de un orden más alto; es éste un ejemplo del error racionalista, y con ello puede uno darse cuenta de la diferencia esencial existente entre el racionalismo y el verdadero intelectualismo. Basta reflexionar un instante para comprender que un principio, en el verdadero sentido del término, por el hecho mismo de que no puede derivarse o deducirse de otra cosa, no puede ser captado sino de modo inmediato, o sea, de modo intuitivo, y no podría ser objeto de un conocimiento discursivo, como el que caracteriza a la razón; para servirnos aquí de la terminología escolástica, el intelecto puro es *habitus principiorum* ('hábito' -o 'posesión'- de los principios), mientras que la razón es solamente *habitus conclusionum*.

Otra consecuencia resulta además de los caracteres fundamentales respectivos del intelecto y la razón: un conocimiento intuitivo, por ser inmediato, es necesariamente infalible en sí mismo[145]; al contrario,

---

[144] Para precisar, señalemos que con esta expresión no nos referimos a los que representan la mentalidad moderna, tal como hemos tenido frecuente ocasión de definirla (ver especialmente nuestra comunicación aparecida en el número de junio de 1926; el punto de vista mismo de la filosofía moderna y su manera especial de plantear las cuestiones son incompatibles con la verdadera metafísica.

[145] Santo Tomás advierte, empero (*Suma Teológica*, I, q. 58, a. 5 y q. 85, a. 6), que el intelecto puede errar en la simple percepción de su objeto propio; pero que este error se produce sólo *per accidens*, a causa de una afirmación de orden discursivo que haya intervenido; no se trata ya, pues, verdaderamente, del intelecto puro. Por otra parte, debe quedar claro que la infalibilidad no se aplica sino a la captación misma de las verdades intuitivas y no a su formulación o a su traducción

siempre puede introducirse el error en todo conocimiento que es indirecto o mediato, como lo es el conocimiento racional; y se ve por ello cuánto erraba Descartes al querer atribuir la infalibilidad a la razón. Es lo que Aristóteles expresa en estos términos[146]:

"Entre los haberes de la inteligencia[147] en virtud de los cuales alcanzamos la verdad, hay unos que son siempre verdaderos y otros que pueden dar en el error. El razonamiento está en este último caso; pero el intelecto es siempre conforme a la verdad, y nada hay más verdadero que el intelecto. Ahora bien; siendo los principios más notorios que la demostración, y estando toda ciencia acompañada de razonamiento, el conocimiento de los principios no es una ciencia (sino que es un modo de conocimiento, superior al conocimiento científico o racional, que constituye propiamente el conocimiento metafísico). Por otra parte, solo el intelecto es más verdadero que la ciencia (o que la razón que edifica la ciencia); por lo tanto, los principios pertenecen al intelecto." Y, para mejor afirmar el carácter intuitivo del intelecto, Aristóteles agrega: "No se demuestran los principios, sino que se percibe directamente su verdad."[148]

---

en modo discursivo.

[146] *Últimos Analíticos* (II, 19, 100 b).

[147] Se traduce habitualmente por "haber" la palabra griega *héxis*, casi intraducible en nuestra lengua, que corresponde más exactamente al latín *habitus*, con el sentido de 'naturaleza', 'disposicion', estado', 'modo de ser' a la vez. [El texto aristotélico se ha traducido aquí de la versión francesa dada por R. Guénon a quien pertenecen los paréntesis incluidos en la primera cita]

[148] Recordemos también estas definiciones de Santo Tomás de Aquino: "Ratio discursum quemdam designat, quo ex uno in aliud cognoscendum anima humana pervenit; intellectus vero simplicem et absolutam cognitionem (sine aliquo motu vel discursu, statím in prima et subita acceptione) designare videtur" ['Razón designa un discurrir por el cual el alma humana llega a conocer una cosa a partir de otra; pero intelecto parece designar un conocimiento simple y absoluto (de modo inmediato, en una primera y súbita captación, sin movimiento o discurso alguno)'] (De Veritate, q. XV, a. 1.)

Esta percepción directa de la verdad, esta intuición intelectual y suprarracional, de la cual los modernos parecen haber perdido hasta la simple noción, es verdaderamente el "conocimiento del corazón", según una expresión frecuente en las doctrinas orientales. Tal conocimiento, por lo demás, es en sí mismo incomunicable; es preciso haberlo "realizado"; por lo menos en cierta medida, para saber qué es verdaderamente; y todo cuanto pueda decirse no da sino una idea más o menos aproximada, inadecuada siempre. Sobre todo, sería un error creer que se puede comprender efectivamente lo que es el género de conocimiento de que se trata limitándose a encararlo "filosóficamente", es decir, desde fuera, pues no ha de olvidarse nunca que la filosofía no es sino un conocimiento puramente humano o racional, como todo "saber profano". Al contrario, sobre el conocimiento suprarracional se funda esencialmente la "ciencia sagrada", en el sentido en que empleamos esta expresión al final de nuestro último artículo; y todo lo que hemos dicho sobre el uso del simbolismo y de la enseñanza contenida en él se refiere a los medios que las doctrinas tradicionales ponen a disposición del hombre para permitirle llegar a ese conocimiento por excelencia, del cual todo otro conocimiento, en la medida en que tenga también alguna realidad, no es sino una participación más o menos lejana, un reflejo más o menos indirecto, como la luz de la luna no es sino un pálido reflejo de la del sol. El "conocimiento del corazón" es la percepción directa de la luz inteligible, esa Luz del Verbo de la que habla San Juan al comienzo de su Evangelio, Luz irradiante del "Sol espiritual" que es el verdadero "Corazón del Mundo".

Capítulo XVI

A PROPÓSITO DEL PEZ

Publicado originalmente en Regnabit, nº 9, París, febrero de 1927.
No incluido en otra compilación póstuma.

Leyendo el importante estudio que el Sr. Charbonneau-Lassay ha dedicado al simbolismo del pez (diciembre de 1926), nos han venido al pensamiento diversas reflexiones que no creemos inútil formular aquí, a título de complemento a la primera parte de este estudio. Y, en primer lugar, por lo que hace a los orígenes prehistóricos de este símbolo, nos inclinamos por nuestra parte a reconocerle un origen nórdico, incluso puede que hiperbóreo; Charbonneau señala su presencia en Alemania del norte y en Escandinavia, y pensamos que, en esas regiones, está más cerca verosímilmente el punto de partida que en Asia central, adonde fue sin duda aportado por la gran corriente que, surgida directamente de la Tradición primordial, debía seguidamente dar nacimiento a las doctrinas de la India y de Persia. Hay, en efecto, en el *Vêda* y en el *Avesta*, diversos textos que afirman muy explícitamente el origen hiperbóreo de la Tradición, y que indican incluso las principales etapas de su descenso hacia el Sur; parece que recuerdos análogos, del lado occidental, hayan sido conservados en las tradiciones célticas, que son difíciles de reconstruir sin duda con los datos fragmentarios que únicamente han llegado hasta nosotros. Es de notar, por otra parte, que de manera general ciertos animales acuáticos desempeñan un papel sobre todo en el simbolismo de los pueblos del Norte: citaremos sólo como ejemplo el pulpo, particularmente difundido entre los

Escandinavos y entre los Celtas, y que está presente también en la Grecia arcaica como uno de los principales motivos de la ornamentación micénica[149].

Otro hecho que, para nosotros, viene también en apoyo de estas consideraciones es que, en la India, la manifestación en forma de pez (*Matsya-avatâra*) se considera como la primera de todas las manifestaciones de *Vishnú*[150], la que se sitúa al comienzo mismo del ciclo actual, y por lo tanto en relación inmediata con el punto de partida de la Tradición primordial. No ha de olvidarse a este respecto que *Vishnú* representa el Principio divino considerado especialmente en su aspecto de conservador del mundo; este papel está muy próximo al de "Salvador", o, más bien, éste último es como un caso particular de aquél; y verdaderamente como "Salvador" aparece *Vishnú* en algunas de sus manifestaciones, correspondientes a fases críticas de la historia de nuestro mundo, de suerte que se puede ver eso como "prefiguraciones" de Cristo, sin contar que la última manifestación, el *Kalkin-Avatâra*, "El que está montado sobre el caballo blanco", la cual ha de ocurrir al final de este ciclo, está descripta en los *Purâna* en términos rigurosamente idénticos a los que se encuentran en el *Apocalipsis*. No es éste el lugar para insistir sobre la similitud bastante extraordinaria en su precisión; pero, para volver al pez, señalaremos que la idea de "Salvador" está igualmente vinculada de modo explícito con su simbolismo cristiano, pues la última letra del *ikhthys* griego se

---

[149] Hay que señalar que los tentáculos del pulpo son generalmente rectos en las figuraciones escandinavas, mientras que están enrollados en espiral en los ornamentos micénicos; en éstos, se ve también aparecer con mucha frecuencia la esvástica o figuras que derivan manifiestamente de ella. El símbolo del pulpo se refiere al signo zodiacal de Cáncer, que corresponde al solsticio de verano y al "fondo de las Aguas"; es fácil comprender así que haya podido tomarse frecuentemente (pero no siempre) en mala parte, ya que ese solsticio es la *Ianua Inferni*.

[150] No decimos "encarnaciones", como se hace habitualmente, pues esta palabra es inexacta por exceso; el sentido propio del vocablo *avatâra* es "descenso" del Principio divino en el mundo manifestado.

interpreta como la inicial de *Sôtèr*; ello no tiene nada de sorprendente, sin duda, cuando se trata de Cristo, pero hay, con todo, emblemas que aluden más directamente a algunos otros de sus atributos y que no expresan formalmente ese papel de "Salvador".

En figura de pez, *Vishnú*, al final del *Manvantara* que precede al nuestro, se aparece a *Satyavrata*[151], que, con el nombre de *Vaivaswata*[152], será el *Manú* o Legislador del ciclo actual. El le anuncia que el mundo va a ser destruido por las aguas, y le ordena construir el Arca en la cual deberán encerrarse los gérmenes del mundo futuro; luego, siempre bajo la misma forma, guía él mismo el Arca sobre las aguas durante el cataclismo. Esta representación del Arca conducida por el pez divino es de las más notables: Charbonneau-Lassay cita en su estudio "el ornamento pontifical decorado de figuras bordadas que envolvía los restos de un obispo lombardo de los siglos VIII o IX, y sobre el cual se ve una barca transportada por el pez, imagen del Cristo sosteniendo a su Iglesia"; ahora bien, se sabe que el arca ha sido frecuentemente considerada como una figura de la Iglesia; luego es la misma idea la que encontramos así expresada a la vez en el simbolismo hindú y en el simbolismo cristiano.

Hay aún, en el *Matsya-avatâra*, otro aspecto que debe retener particularmente nuestra atención: después del cataclismo, o sea al comienzo mismo del presente *Manvantara*, él aporta a los hombres el *Vêda*, que ha de entenderse, según la significación etimológica de la palabra (derivada de la raíz *vid-*, 'saber'), como la Ciencia por excelencia o el Conocimiento sagrado en su integridad, según la significación etimológica de esta palabra (derivada de la raíz *vid*,

---

[151] Este nombre significa literalmente "consagrado a la verdad".

[152] Surgido de *Vivaswat*, uno de los doce *Adityas*, que son considerados como otras tantas formas del Sol, en correspondencia con los doce signos del Zodíaco.

"saber": es pues la Ciencia por excelencia); y hay ahí una de las más nítidas alusiones a la Revelación primitiva. Se dice que el *Vêda* subsiste perpetuamente, siendo en sí mismo anterior a todos los mundos; pero está en cierto modo escondido o encerrado durante los cataclismos cósmicos que separan los diferentes ciclos, y debe luego ser manifestado nuevamente. La afirmación de la perpetuidad del *Vêda* está, por otra parte, en relación directa con la teoría cosmológica de la primordialidad del sonido entre las cualidades sensibles (como cualidad propia del Éter, *Âkâça*, que es el primero de los elementos); y esta teoría misma no es en el fondo otra cosa que la de la creación por el Verbo: el sonido primordial es esa Palabra divina por la cual, según el primer capítulo del *Génesis* hebreo, han sido hechas todas las cosas. Por eso se dice que los Sabios de las primeras edades han "oído" el *Vêda*: la Revelación, siendo obra del Verbo, como la creación misma[153], es propiamente una "audición" para aquel que la recibe; y el término que la designa es *Shruti*, que significa literalmente "lo oído"[154].

Durante el cataclismo que separa este *Manvantara* del precedente, el *Vêda* estaba encerrado, en estado de repliegue, en la concha (*shankha*), que es uno de los principales atributos de *Vishnú*. Pues la concha se considera como conteniendo el sonido primordial e imperecedero (*âkshara*), es decir, el monosílabo *Om*, que es por excelencia el nombre del Verbo, al mismo tiempo que es, por sus tres elementos (AUM), la esencia del triple *Vêda*[155]. Por otra parte, estos

---

[153] Hemos ya indicado esa relación en nuestro artículo sobre *El Verbo y el Símbolo*, enero de 1926.

[154] *Shruti* se opone a *Smrti*, "aquello que se recuerda", que designa todo lo que en la tradición es el fruto, no ya de la revelación o de la inspiración directa, sino de la reflexión ejerciéndose sobre ésta y tomándola como su principio para de ella sacar aplicaciones adaptadas a las circunstancias contingentes de tiempo y de lugar. Las relaciones de la *Shruti* y de la *Smriti* son comparadas a las del sol y de la luna, es decir, de la luz directa y de la luz reflejada.

[155] Hemos ya señalado la presencia de ese mismo ideograma *Aum* en el antiguo simbolismo

tres elementos (*mâtras*), dispuestos gráficamente de una manera determinada, forman el esquema mismo de la concha; y, por una concordancia bastante singular, ocurre que este esquema es también el de la oreja humana, órgano de la audición, la cual debe, en efecto, si ha de ser apta para la percepción del sonido, tener una disposición conforme a la naturaleza de éste. Todo ello toca visiblemente algunos de los más profundos misterios de la cosmología; pero, ¿quién, en el estado de espíritu que constituye la mentalidad moderna, puede aún comprender las verdades pertenecientes a esta ciencia tradicional?

Como *Vishnú* en la India, e igualmente en forma de pez, el *Oannes* caldeo, que algunos han considerado expresamente como una figura de Cristo[156], enseña también a los hombres la doctrina primordial: notable ejemplo de la unidad que existe entre las tradiciones en apariencia más diferentes, y que permanecería inexplicable si no se admitiera su pertenencia a una fuente común. Parece, por lo demás, que el simbolismo de *Oannes* o de *Dagon* no es sólo el del pez en general, sino que debe relacionarse más especialmente con el del delfín: éste, entre los Griegos, estaba vinculado con el culto de *Apolo*[157], y había dado nombre a *Delfos*; y, lo que es muy significativo, se decía que este culto venía de los Hiperbóreos. Lo que da a pensar que conviene considerar tal vinculación (la cual no se encuentra

---

cristiano, al final de nuestro artículo sobre *La idea del Centro en las tradiciones antiguas*, mayo de 1926, p. 486; Cf. también el estudio de Charbonneau-Lassay sobre *El Simbolismo de la Rosa*, marzo de 1926, p. 303. En sánscrito, la vocal *o* está formada por la reunión de *a* y *u*; es por lo que el monosílabo sagrado debe transcribirse por *Om*, lo que además corresponde a su pronunciación real, bien que sea la forma *Aum* la que representa exactamente su descomposición en sus tres elementos constitutivos.

[156] Véanse al respecto los trabajos del Hieron de Paray-le-Monial. Es interesante notar a este respecto que la cabeza de pez, tocado de los sacerdotes de *Oannes*, es también la mitra de los obispos en la Iglesia cristiana.

[157] Esto explica la vinculación del simbolismo del delfín con la idea de la luz (Cf. L. Charbonneau-Lassay, señalada por Charbonneau-Lassay en su artículo último (enero de 1927, p. 149).

claramente indicada, en cambio, en el caso de la manifestación de *Vishnú*) es sobre todo la conexión estrecha que existe entre el símbolo del delfín y el de la "Mujer del mar" (la *Afrodita Anadiomène* de los Griegos)[158]; precisamente, ésta se presenta, bajo nombres diversos, como el páredro femenino de *Oannes* o de sus equivalentes, es decir, como figuración de un aspecto complementario del mismo principio[159]. Es la "Dama del Loto" (*Ishtar*, igual que *Ester* en hebreo, significa "loto" y también a veces "lirio", dos flores que, en el simbolismo, a menudo se reemplazan mutuamente)[160], como la *Kwanyin* extremo-oriental, que es igualmente, en una de sus formas, la "Diosa del fondo de los mares"; habría mucho que decir sobre todo eso, pero no es lo que, por esta vez, nos hemos propuesto[161]. Lo que

---

[158] No hay que confundir esta "Mujer del mar" con la sirena, aunque esté algunas veces representada en forma similar.

[159] La *Dea Syra* es propiamente la "Diosa solar"; el nombre de *Syria*, que no ha designado siempre exclusivamente al país que aún lo porta hoy, es idéntico a *Sûrya*, designación sánscrita del Sol, y en el mismo sentido hay que entender la tradición según la cual, Adán, en el paraíso terrestre, hablaba la lengua "siríaca".

[160] El lirio y el loto, teniendo respectivamente seis y ocho pétalos, corresponden a las dos formas de la rueda de seis y de ocho rayos, como ya lo hemos indicado (*L'idée du Centre dans les traditions antiques*, mayo de 1926, p. 480). En hebreo, los dos nombres '*Ester* y *Súshanáh* tienen la misma significación, y además son numéricamente equivalentes: su número común es 661 y, colocando delante de cada uno de ellos la letra *hé*, signo del artículo, cuyo valor es 5, se obtiene 666, de lo cual algunos no han dejado de sacar conclusiones más o menos fantásticas; por nuestra parte, no pretendemos dar esta indicación sino a título de simple curiosidad.

[161] Destacaremos sin embargo todavía que la figura del *Ea* babilónico, mitad cabra y mitad pez, tal y como la ha representado Charbonneau-Lassay, es idéntica a la del Capricornio zodiacal, de la cual quizá ha sido incluso el prototipo; ahora bien, es importante recordar, a este respecto, que el signo de Capricornio corresponde en el ciclo anual al solsticio de invierno y a la *Janua Coeli*. El *Mâkara*, que en el Zodíaco hindú tiene el lugar de Capricornio, no deja de presentar cierta similitud con el delfín; la oposición simbólica existente entre éste y el pulpo debe, pues, reconducirse a la de los dos signos solsticiales de Capricornio y Cáncer (este último, en la India, está representado por el cangrejo), lo que explica también que los dos animales hayan sido asociados en ciertos casos, por ejemplo bajo el trípode de Delfos y bajo los pies de los corceles del carro solar, como indicando los dos puntos extremos tocados por el Sol en su curso anual (v. enero

hemos querido mostrar, es que el símbolo del pez estaba muy particularmente predestinado para figurar a Cristo, como representando dos funciones que le pertenecen esencialmente (y ello sin perjuicio de su relación con la idea de la fecundidad y del "principio de vida" que todavía proporciona razón suplementaria para esta figuración), puesto que, bajo este símbolo, el Verbo a parece a la vez, en las tradiciones antiguas, como Revelador y como Salvador.

P. S.- Algunos se asombrarán quizá, sea con motivo de las consideraciones que acabamos de exponer, sea con motivo de las que hemos dado en otros artículos o que daremos ulteriormente, del lugar preponderante (aunque, por supuesto, de ningún modo exclusivo) que entre las diferentes tradiciones antiguas adjudicamos a la de la India; y tal asombro, en suma, sería harto comprensible, dada la ignorancia completa en que se está generalmente, en el mundo occidental, acerca de la verdadera significación de las doctrinas de que se trata. Podríamos limitarnos a hacer notar que, habiendo tenido ocasión de estudiar más particularmente las doctrinas hindúes, podemos legítimamente tomarlas como término de comparación; pero creemos preferible declarar claramente que hay para ello, otras razones, más profundas y de alcance enteramente general. A quienes estarían tentados de ponerlo en duda, aconsejaremos vivamente leer el interesantísimo libro del R. P. William Wallace, S. J., titulado *De l'Évangélisme au Catholicisme par la route des Indes*[162] el cual constituye a este respecto un testimonio de gran valor. Es una

---

de 1927, páginas 149-150). En fin, El papel del delfín como conductor de las almas bienaventuradas (*ibidem*, p. 147) se refiere también, evidentemente, a la *Ianua Coeli*. Importa no cometer aquí una confusión con otro signo zodiacal, el de Piscis, cuyo simbolismo es diferente y debe ser referido exclusivamente al del pez común, encarado en particular en su relación con la idea de "principio de vida" y de "fecundidad" (entendida sobre todo en el sentido espiritual). Se podrá señalar, además, que Ea tiene ante sí, como el escarabeo egipcio, una bola que representa el "Huevo del Mundo".

[162] Traducción francesa del R. P. Humblet S. J., Librería Albert Dewit, Bruselas, 1921.

autobiografía del autor, quien, habiendo ido a la India como misionero anglicano, se convirtió al Catolicismo por el estudio directo que hizo de las doctrinas hindúes; y en los lineamientos que de ellas ofrece, da pruebas de una comprehensión que, sin ser absolutamente completa en todos los puntos, va incomparablemente más lejos que todo cuanto hemos encontrado en otras obras occidentales, inclusive las de los "especialistas". Ahora bien: el R. P. Wallace declara formalmente, entre otras cosas, que «el *Sanâtana Dharma* de los sabios hindúes (lo que podría traducirse con bastante exactitud por *Lex perennis*: es el fondo inmutable de la doctrina) procede exactamente del mismo principio que la religión cristiana», que «el uno y la otra encaran el mismo objetivo y ofrecen los mismos medios esenciales de alcanzarlo» (pág. 218 de la traducción francesa), que «Jesucristo aparece como el Consumador del *Sanâtana Dharma* de los Hindúes, ese sacrificio a los pies del Supremo, tan evidentemente como el Consumador de la religión típica y profética de los judíos y de la Ley de Moisés» (pág. 217), y que la doctrina hindú es «el natural pedagogo que conduce a Cristo» (Pág. 142). ¿No justifica esto ampliamente la importancia que atribuimos aquí a esta tradición, cuya profunda, armonía con el Cristianismo no podría escapar, a quienquiera la estudie, como lo ha hecho el R. P. Wallace, sin ideas preconcebidas? Nos consideraremos felices si logramos hacer sentir un poco esa armonía en los puntos que tenemos ocasión de tratar, y hacer comprender al mismo tiempo que la razón de ello ha de buscarse en el vínculo directo que une la doctrina hindú a la gran Tradición primordial".

Capítulo XVII

EL EMBLEMA DEL SAGRADO CORAZÓN
EN UNA SOCIEDAD SECRETA AMERICANA

Publicado en Regnabit, marzo de 1927.
Retomado en esta compilación y en Symboles de la Science Sacrée.

Sabido es que América del Norte constituye la tierra de predilección de las sociedades secretas y semisecretas, que pululan tanto como las sectas religiosas o seudorreligiosas de todo género, las cuales, por lo demás, se complacen a menudo en adoptar aquella forma. En esta necesidad de misterio, cuyas manifestaciones son a menudo harto extrañas, ¿ha de verse como una suerte de contrapeso del desarrollo excesivo del espíritu práctico, el cual, por otra parte, es considerado generalmente, con justicia, como una de las principales características de la mentalidad norteamericana? Nosotros lo creemos así, y vemos, efectivamente, en esos dos extremos tan singularmente asociados, dos productos de un único desequilibrio, que ha alcanzado su grado más alto en ese país, pero que, hay que decirlo, amenaza extenderse actualmente a todo el mundo occidental.

Hechas estas observaciones generales, debe reconocerse que, entre las múltiples sociedades secretas norteamericanas habría que establecer muchas distinciones; sería un grave error imaginarse que todas tienen el mismo carácter y tienden al mismo objetivo. Hay algunas que se declaran específicamente católicas, como los "Caballeros de Colón"; también las hay judías, pero sobre todo protestantes; e inclusive en las que son neutras desde el punto de vista religioso, es a menudo preponderante el influjo del protestantismo. Es ésta una razón para desconfiar: la propaganda protestante es insinuante en extremo y adopta todas las formas para adaptarse a los diversos medios donde quiere penetrar; no es de sorprenderse, pues, si se ejerce de modo más o menos disimulado, bajo la cobertura de asociaciones como las mencionadas.

Conviene señalar también que algunas de esas organizaciones tienen carácter poco serio, e inclusive harto pueril; sus pretendidos secretos son por entero inexistentes, y no tienen otra razón de ser sino excitar la curiosidad y atraer adherentes; el único peligro que representan las de este tipo, en suma, es que explotan y desarrollan ese desequilibrio mental al cual aludíamos al comienzo. Así, se ve a simples sociedades de socorros mutuos hacer uso de un ritual pretendidamente simbólico, más o menos imitado de las formas masónicas pero eminentemente fantasioso, que revela la completa ignorancia de sus autores acerca de los datos más elementales del verdadero simbolismo.

Junto a estas asociaciones simplemente "fraternales", como dicen los norteamericanos, que parecen las de mayor difusión, hay otras que tienen pretensiones iniciáticas o esotéricas pero que, en su mayor parte, no merecen tomarse más en serio que las anteriores, aun siendo quizá más peligrosas en razón de esas pretensiones mismas, propias para engañar y extraviar a los ingenuos o mal informados. El título de "Rosa-Cruz", por ejemplo, parece ejercer una seducción particularísima y ha sido adoptado por buen número de organizaciones cuyos jefes no tienen la menor noción de lo que fueron los verdaderos Rosa-Cruz; ¿y qué decir de las agrupaciones con rótulos orientales, o de aquellas que pretenden vincularse con antiguas tradiciones, y en las que no se encuentran expuestas, en realidad, sino las ideas más occidentales y modernas?

Entre viejas notas concernientes a algunas de estas organizaciones, hemos redescubierto una que nos ha llamado la atención y que, a causa de una de las frases que contiene, nos ha parecido merecer reproducirse aquí, aunque los términos sean muy poco claros y dejen subsistir duda sobre el sentido preciso que conviene atribuirles. He aquí, exactamente reproducida, la nota de que se trata, referente a una sociedad titulada *Order of Chylena*, sobre la cual, por lo demás, no tenemos más información[163]:

Esta orden fue fundada por Albert Staley, en Filadelfia (Pensilvania), en 1879. Su manual tiene por título *The Standart United States Guide*. La orden tiene cinco puntos de compañerazgo, derivados del verdadero punto *E Pluribus Unum* (divisa de Estados Unidos). Su estandarte lleva las palabras *Evangel* y *Evangeline*, inscriptas en estrellas de seis puntas. La *Filosofía de la vida universal* parece ser su estudio fundamental, y la palabra perdida del Templo es un elemento de ella. *Ethiopia*, Ella, es la Desposada; *Chylena*, Él, es el Redentor. El "Yo Soy" parece ser el (aquí un signo formado por dos círculos concéntricos). "Veis este Sagrado Corazón; el contorno os muestra ese Yo[164] llamado Chylena".

A primera vista, parece difícil descubrir en esto nada claro ni aun inteligible: se encuentran, por cierto, algunas expresiones tomadas del lenguaje masónico, como los "cinco puntos de compañerazgo" y la "palabra perdida del Templo"; se encuentra también un símbolo muy conocido y de uso muy general, el de la estrella de seis puntas o "sello de Salomón", sobre la cual hemos tenido oportunidad de hablar aquí[165]; se reconoce además la intención de dar a la organización un

---

[163] Es la traducción de una noticia de un folleto extraída de un folleto titulado *Arcane Associations*, editada por la "Societas Rosicruciana" de Norteamérica Manchester, N. H., 1905).

[164] El texto inglés dice: "You see this Sacred Hearth; the outline shows you that I".

[165] "Le Chrisme et le Coeur dans les anciennes marques corporatives".

carácter propiamente norteamericano; pero, ¿qué puede significar todo el resto? Sobre todo, ¿qué significa la última frase? ¿Y debe verse en ella el indicio de alguna contrahechura del Sagrado Corazón, como aquellas sobre las cuales L. Charbonneau-Lassay ha informado anteriormente a los lectores de *Regnabit*?[166]

Debemos confesar que no hemos podido descubrir hasta ahora lo que significa el nombre *Chylena*, ni cómo puede empleárselo para designar al "Redentor", ni aun en qué sentido, religioso o no, debe entenderse esa palabra. Parece, empero, que en la frase donde se trata de la "Desposada" y el "Redentor" haya una alusión bíblica, probablemente inspirada en el *Cantar de los Cantares*; y es harto extraño que ese mismo "Redentor" nos muestre su Sagrado Corazón (¿es en realidad su corazón?) como si fuera verdaderamente el mismo Cristo; pero, una vez más, ¿por qué el nombre de *Chylena*? Por otra parte, cabe preguntarse qué tiene que ver en todo ello el nombre de *Evangeline*, la heroína del célebre poema de Longfellow; pero parece tomárselo como una forma femenina de *Evangel*, junto al cual se lo coloca; ¿es la afirmación de un espíritu "evangélico" en el sentido un tanto especial en que lo entienden las sectas protestantes, las cuales tan a menudo se ornan con ese título? Por último, si el nombre de *Ethiopia* se aplica a la raza negra, como es la interpretación más natural[167], quizás habría de concluirse que la "redención" más o menos "evangélica" (es decir, protestante) de ésta es uno de los objetivos que se proponen los miembros de la asociación. De ser así, la divisa *E Pluribus Unum* podría interpretarse lógicamente en el sentido de una tentativa de aproximación, si no de fusión, entre las razas diversas que constituyen la población de Estados Unidos, cuyo antagonismo

---

[166] "Les Représentations blasphématoires du Coeur de Jésus", agosto-septiembre de 1924.

[167] El "*Nigra sum, sed formosa*" del *Cantar de los Cantares* justificaría quizá el hecho de que este apelativo se aplique a la 'Desposada'.

natural siempre las ha separado tan profundamente, ésta no es sino una hipótesis, pero por lo menos no tiene nada de inverosímil.

Si se trata de una organización de inspiración protestante, no es ésta suficiente razón para suponer que el emblema del Sagrado Corazón se tome en ella desviado de su significación verdadera; algunos protestantes, en efecto, tienen hacia el Sagrado Corazón una devoción sincera y real[168]. Empero, en el caso presente, la mezcla de ideas heterogéneas que atestiguan las líneas que hemos reproducido nos incita a desconfiar; nos preguntamos qué puede ser esa *Filosofía de la vida universal* que parece centrarse en el principio del "Yo Soy" (*I am*). Todo esto, sin duda, podría entenderse en un sentido muy legítimo, e inclusive vincularse en cierto modo con la concepción del corazón como centro del ser; pero, dadas las tendencias del espíritu moderno, del cual la mentalidad norteamericana es la expresión más completa, mucho es de temer que ello no se tome sino en el sentido por completo individual (o "individualista", si se prefiere) y puramente humano. Sobre esto queremos llamar la atención para terminar el examen de esa especie de enigma.

La tendencia moderna, tal como la vemos afirmarse en el protestantismo, es en primer lugar la tendencia al individualismo, que se manifiesta claramente en el "libre examen", negación de toda autoridad espiritual legítima y tradicional. Ese individualismo, desde el punto de vista filosófico, se afirma igualmente en el racionalismo, que es la negación de toda facultad de conocimiento superior a la razón, es decir, al modo individual y puramente humano de la inteligencia; y ese racionalismo, en todas sus formas, ha emanado más o menos directamente del cartesianismo, al cual, de modo muy

---

[168] Ya hemos citado el ejemplo del capellán de Cromwell, Thomas Goodwin, que consagró un libro a la devoción del Corazón de Jesús ("Le Chrisme et le Coeur dans les anciennes marques corporatives", noviembre de 1925, p. 402, n. 1).

natural, nos recuerda ese "Yo Soy", y que toma al sujeto pensante y nada más como único punto de partida de toda realidad. El individualismo, así entendido en el orden intelectual, tiene por consecuencia casi inevitable lo que podría llamarse una "humanización" de la religión, que acaba por degenerar en "religiosidad", es decir, por no ser ya sino simple cuestión de sentimiento, un conjunto de aspiraciones vagas y sin objeto definido; el sentimentalismo, por lo demás, es, por así decirlo, complementario del racionalismo[169]. Aun sin hablar de concepciones tales como la de la "experiencia religiosa" de William James, sería fácil encontrar ejemplos de esa desviación más o menos acentuada en la mayoría de las múltiples variedades del protestantismo, y especialmente del protestantismo anglosajón, cuyo dogma se disuelve en cierto modo y se desvanece para no dejar subsistir sino ese "moralismo" humanitario cuyas manifestaciones más o menos ruidosas son uno de los rasgos característicos de nuestra época. De ese "moralismo" que es la culminación lógica del protestantismo al "moralismo" puramente laico e "irreligioso" (por no decir antirreligioso) no hay sino un paso, y algunos lo dan con harta facilidad; no se trata, en suma, sino de grados diferentes en el desarrollo de una misma tendencia.

En tales condiciones, no es de sorprender que a veces se haga uso de una terminología y un simbolismo cuyo origen es propiamente religioso pero que se encuentran despojados de este carácter y desviados de su significación primera, y pueden engañar fácilmente a quienes no están sobre aviso de esa deformación; que ese engaño sea intencional o no, el resultado es el mismo. Así, se ha contrahecho la figura del Sagrado Corazón para representar el "Corazón de la Humanidad" (entendida, por lo demás, en sentido exclusivamente colectivo. y social), como lo ha señalado L. Charbonneau-Lassay en el

---

[169] Ver "Le Coeur rayonnant et le Coeur enflammé".

artículo antes aludido, en el cual citaba a este propósito un texto donde se habla "del Corazón de María que simboliza el corazón maternal de la Patria humana, corazón femenino, y del Corazón de Jesús que simboliza el corazón paternal de la Humanidad, corazón masculino; corazón del hombre, corazón de la mujer, ambos divinos en su principio espiritual y natural"[170]. No sabemos bien por qué este texto nos ha vuelto irresistiblemente a la memoria en presencia del documento relativo a la sociedad norteamericana de la que acabamos de hablar; sin poder mostrarnos absolutamente afirmativos al respecto, tenemos la impresión de encontrarnos en su caso ante algo del mismo género. Como quiera que fuere, ese modo de disfrazar al Sagrado Corazón como "Corazón de la Humanidad" constituye, propiamente hablando, una forma de "naturalismo", y arriesga degenerar bien pronto en una grosera idolatría; la "religión de la Humanidad" no es, en la época contemporánea, monopolio exclusivo de Auguste Comte y de algunos de sus discípulos positivistas, a los cuales ha de reconocerse por lo menos el mérito de haber expresado francamente lo que otros envuelven en fórmulas pérfidamente equívocas. Hemos señalado ya las desviaciones que en nuestros días algunos imponen corrientemente al mismo término "religión", aplicándolo a cosas puramente humanas[171]; este abuso, a menudo inconsciente, ¿no será el resultado de una acción perfectamente consciente y deliberada, acción ejercida por aquellos, quienesquiera que fueren, que han asumido la tarea de deformar sistemáticamente la mentalidad occidental desde los comienzos de los tiempos modernos? A veces está uno tentado de creerlo así, sobre todo cuando se ve, como ocurre desde la última guerra, instaurarse por todas partes una especie de culto laico y

---

[170] Cita de *L'Écho de l'Invisible* (1917), en "Les Représentations blasphématoires du Coeur de Jésus", *Regnabit*, agosto-septiembre de 1924, pp. 192-93.

[171] Ver nuestra comunicación "Sur la réforme de la mentalité moderne".

"cívico", una seudorreligión de la cual está ausente toda idea de lo Divino; no queremos insistir más por el momento, pero sabemos que no somos los únicos que ven en ello un síntoma inquietante. Lo que diremos para concluir esta vez es que todo ello depende de una misma idea central, que es la divinización de lo humano, no en el sentido en que el Cristianismo permite encararlo de cierta manera, sino en el sentido de una sustitución de Dios por la humanidad; siendo así, es fácil comprender que los propagadores de tal idea procuren apoderarse del emblema del Sagrado Corazón para hacer de esa divinización de la humanidad una parodia de la unión de las dos naturalezas, divina y humana, en la persona de Cristo.

P. S.- Desde que escribimos nuestro artículo de noviembre de 1926, hemos tenido conocimiento de un interesante estudio del Sr. Etienne Gilson sobre *La Mystique de la Grâce* en la "*Queste del Saint Graal*", aparecida en la revista *Romania* (julio de 1925), y en la cual hemos encontrado una destacable que hay que comparar con lo que decíamos, al final de este artículo, sobre el sentido primitivo de la palabra "mística" como sinónimo de lo inexpresable. En el texto de la *Queste del Saint Graal*, hay una fórmula que aparece en muchas ocasiones, que tiene un carácter en cierto modo ritual, y que es ésta: "ce que cuers mortx ne porroi penser ne langue d'ome terrien deviser· (es decir, "lo que corazón mortal no podría pensar ni lengua de hombre terrestre expresar")[172]. a propósito de uno de los pasajes que contienen esta fórmula, E. Gilson nota que recuerda dos textos de San Pablo tan constantemente citados, y de un empleo tan determinado en

---

[172] Se observará que el pensamiento es aquí relacionado con el corazón, y también que el corazón y la lengua representan respectivamente el pensamiento y la palabra, y son puestos en paralelo exactamente como en las tradiciones egipcia y hebrea (v. *La Tierra Santa y el Corazón del Mundo*, septiembre-octubre de 1926, páginas 218-219). En los pasajes donde se encuentra la fórmula en cuestión, se encuentra también casi inmediatamente antes, la expresión ("li Hauz Mestres" (es decir, "el Gran Maestro"), generalmente aplicada a Nuestro Señor, y que tiene, también ella, un carácter ritual incontestable.

la Edad Media que la significación del pasaje entero se encuentra aclarada inmediatamente. El primero, (I Corintios, II, 9-10) está tomado por San Pablo de Isaías (LXIV, 4) pero acompañado por él con una importante glosa: el ojo no ha visto, la oreja no ha oído, el corazón no ha conocido lo que Dios prepara a los que le aman[173]; pero Dios nos lo ha revelado por su Espíritu, pues el Espíritu escruta todo, incluso las profundidades de Dios... El segundo texto (Corintios, XII, 1-4) se emparenta tan estrechamente al primero que venía a combinarse con él espontáneamente por un procedimiento de concordancia frecuentemente empleado en la Edad Media"; y este segundo texto no es otro que aquel que nosotros mismos hemos citado a propósito de los estados místicos. Todo ello muestra, una vez más, cuánta conciencia tenían los hombres de la Edad Media de lo que caracteriza esencialmente el conocimiento de las cosas espirituales y de las verdades del orden espiritual y divino.

---

[173] Hay un texto análogo en la tradición hindú: "ÉL (el Supremo *Brahma*), ni el ojo lo alcanza, ni la palabra, ni lo mental" (*Kêna Upanishad*, Khanda 1º, shruti 3). Según la doctrina taoísta igualmente, "el Principio no es alcanzado ni por la vista ni por el oído" (*Chuang-Tseú*, cap. XXII; traducción del R. P Wieger, p. 397) Igualmente aún, el Corán dice hablando de Alá: "Las miradas no pueden alcanzarle".

Capítulo XVIII

UNA FALSIFICACIÓN DEL CATOLICISMO

Publicado originalmente en Regnabit, abril de 1927.
No retomado en otra compilación póstuma.

Hacíamos alusión, en nuestro último artículo, a las sectas pseudo religiosas que, en nuestros días, se multiplican de extraña manera, y de las cuales la mayor parte han nacido en el mundo anglosajón; hace algunos años, dedicamos una obra al estudio histórico de una de las más extendidas de entre ellas, el teosofismo[174]. Creemos útil el volver hoy sobre el tema, pues las singulares maquinaciones que señalábamos por entonces han continuado desarrollándose en el sentido que preveíamos, y la última empresa teosofista presenta ese carácter particular de ser una verdadera caricatura del Catolicismo, combinada bastante hábilmente para inducir a error a espíritus sinceros, pero mal informados.

No tenemos la intención de rehacer aquí la historia, muy complicada por otra parte, de la "Sociedad Teosófica"; diremos solamente que, en su primera fase, ella presentaba, bajo una etiqueta oriental, una mezcla confusa de ideas muy modernas y muy occidentales con fragmentos tomados de doctrinas de las proveniencias más diversas; y este conjunto heteróclito era, se dice, la doctrina original de la cual todas las religiones habían surgido. El

---

[174] Le Théosophisme, histoire d'une pseudo-religion, (Nouvelle Librairie Nationale, Paris, 1921).

teosofismo era por entonces bastante violentamente anticristiano; pero, en cierto momento, se produjo un cambio de orientación, al menos aparente, y el resultado de ello fue la elaboración de un "Cristianismo esotérico" de la más extraordinaria fantasía. No se detuvo ahí todo: en poco tiempo, se anunció la venida inminente de un nuevo Mesías, de otra encarnación de Cristo o, como dicen los teosofistas, del "Instructor del Mundo"; pero, para hacer comprender cómo se prepara esta venida, es necesario dar algunas explicaciones sobre la concepción muy particular que se tiene de Cristo en el medio de que se trata.

Debemos pues resumir el singular relato que Mme. Besant, presidente de la Sociedad Teosófica, ha hecho en su obra titulada *Esoteric Christianity*, según las informaciones que se dicen obtenidas por "clarividencia", pues los jefes del teosofismo tienen la pretensión de poseer una facultad que les permite hacer investigaciones directas en lo que ellos llaman "los archivos ocultos de la tierra". He aquí lo esencial de ese relato: el niño judío cuyo nombre fue traducido por el de Jesús nació en Palestina el año 105 antes de nuestra era; sus padres le instruyeron en las letras hebreas; a los doce años, visitó Jerusalén, después fue confiado a una comunidad esenia de la Judea meridional. A los diecinueve años, Jesús entró en el monasterio del monte Serbal, donde se encontraba una biblioteca ocultista considerable, de la que la mayoría de libros "provenían de la India transhimaláyica"; recorrió a continuación Egipto, donde se convirtió en "un iniciado de la Logia esotérica de la cual todas las grandes religiones reciben su fundador". Llegado a la edad de veintinueve años, devino apto para servir de tabernáculo y de órgano para un poderoso Hijo de Dios, Señor de compasión y de sabiduría"; éste, que los Orientales denominan el Bodhisatwa Maitreya y que los Occidentales llaman el Cristo, descendió pues en Jesús, y, durante los tres años de su vida pública, " fue él quien vivía y se movía en la forma del hombre Jesús, predicando, curando las enfermedades, y agrupando a su alrededor algunas almas más avanzadas: Pasados tres años, "el cuerpo humano de Jesús se resintió de haber abrigado la presencia gloriosa de un Maestro más que humano"; pero los discípulos que había formado permanecieron bajo su influencia, y, durante más de cincuenta años, continuó visitándolos por medio de su "cuerpo espiritual" e iniciándolos en los misterios esotéricos. Seguidamente, alrededor de los relatos de la vida histórica de Jesús, se cristalizaron los "mitos" que caracterizan a un "dios solar", y que, tras dejarse de comprender su significado simbólico, dieron nacimiento a los dogmas del Cristianismo.

Lo que hay que retener sobre todo de todo eso, es la manera como se produce, según los teosofistas, la manifestación de un "Gran Instructor", o incluso a veces la de un "Maestro" de menor importancia: para ahorrar a un ser tan "evolucionado" el esfuerzo de prepararse él mismo un vehículo pasando por todas las fases del desarrollo físico ordinario, es necesario que un "iniciado" o un "discípulo" le preste su cuerpo, cuando, tras haber sido especialmente preparado por ciertas pruebas, se ha tornado digno de ese honor. Será pues, a partir de ese momento, el "Maestro" quien, sirviéndose de ese cuerpo como si fuera el suyo propio, hablará por su boca para enseñar la religión de la sabiduría. De ahí resulta una separación completa entre la persona de Cristo, que es el "Instructor del Mundo", y la de Jesús, que era solamente el "discípulo" que le cedió su cuerpo, y que, se asegura, ha llegado él mismo al rango de los "Maestros" en una época más reciente; no es preciso insistir sobre todo lo que hay de manifiestamente herético en semejante concepción.

En esas condiciones, el retorno próximo del "Gran Instructor" estando anunciado, la función que debía atribuirse la Sociedad Teosófica era encontrar y preparar, como lo habrían hecho antaño los Esenios, al "discípulo" de elección en quien se encarnará cuando el momento haya llegado, "Aquel que debe venir". El cumplimiento de esta misión no estuvo falto de titubeos; tras diversas tentativas que fracasaron, los dirigentes teosofistas pusieron su mira sobre un joven Hindú, Krishnamurti, al que educaron especialmente con vistas a la función que le destinaban. No diremos con detalle todo lo que siguió: procesos escandalosos, dimisiones resonantes, cismas en el interior de la Sociedad Teosófica; tales enojosos incidentes no hicieron por otra parte más que retardar un poco la realización de los proyectos de Mme. Besant y de sus colaboradores. En fin, en diciembre de 1925 tuvo lugar la proclamación solemne del nuevo Mesías; pero, bien que varios de sus "Apóstoles" estaban ya designados, se dejó subsistir tal ambigüedad que aún es imposible saber si Krishnamurti, que ahora se llama Krishnaji, debe ser él mismo el "vehículo" de Cristo, o si no será más que un simple "precursor". Las desventuras pasadas incitan a alguna prudencia, y se opta por refugiarse en la vaguedad, hasta tal punto que, según ciertas publicaciones recientes, podría ser que el Cristo "escogiese, en cada país, una individualidad a la que guiaría e inspiraría de una manera especial", de manera que pudiese, "sin tener la obligación de recorrer corporalmente el mundo, hablar cuando lo quisiera, en el país de su elección que mejor conviniese a su acción"[175]. Debemos pues esperar ver a pretendidos Mesías o profetas aparecer un poco por todas partes, tanto más cuanto que parece, y eso es quizá lo que hay de más inquietante, que la Sociedad Teosófica no sea la única organización que trabaje actualmente en suscitar movimientos de este género. Entiéndase bien, diciendo eso, no pretendemos hablar de las organizaciones que, bajo apariencias más o menos independientes, no son en realidad más que filiales o auxiliares de la Sociedad Teosófica, y de las que algunas, como la "Orden de la Estrella de Oriente", han sido fundadas especialmente para preparar la venida del futuro Mesías; pero, entre éstas, hay una sobre la cual tenemos que llamar la atención, pues ahí se encuentra esta caricatura del

---

[175] *Le Christianisme primitif dans l'Evangile des Douze Saints*, por E. F. Udny, sacerdote de la Iglesia Católica Liberal; traducción francesa, p. 59.

Catolicismo a la que hacíamos alusión al comienzo.

Existía en Inglaterra, desde hacía algunos años, una Iglesia veterocatólica fundada por un sacerdote excomulgado, A. H. Matthew, que se había hecho consagrar obispo por el Dr. Gérard Gul, jefe de la Iglesia vetero-católica de Holanda, formada con los restos del Jansenismo, más algunos disidentes que en el año 1870 habían rehusado aceptar el dogma de la infalibilidad pontificia. En 1913, el clero de esta Iglesia aumentó con varios miembros, todos antiguos ministros anglicanos y teosofistas más o menos evidentes; pero, dos años más tarde, el obispo Mathew, que lo ignoraba todo del teosofismo, quedó espantado al percibir que sus nuevos adherentes esperaban la venida de un futuro Mesías, y se retiró pura y simplemente, abandonando su Iglesia. Los teosofistas contaban en efecto con apropiarse enteramente de ésta, pero ese resultado había sido obtenido demasiado rápidamente, y ello no era de su gusto, pues, para poder presentarse como "católicos", querían primero asegurarse el beneficio de la "sucesión apostólica" obteniendo la consagración episcopal para algunos de los suyos. El secretario general de la sección inglesa de a Sociedad Teosófica, J. I. Wedgwood, habiendo fracasado con Mathew, llegó, tras diversas peripecias, a hacerse consagrar por F.-S. Willoughby, obispo expulsado anteriormente de la Iglesia veterocatólica; se puso a la cabeza de ésta, cuyo título fue cambiado, en 1918, por el "Iglesia Católica Liberal"; él consagró a su vez a otros obispos y fundó ramas "regionales" en diversos países; existe una actualmente en París.

Naturalmente, no es en absoluto necesario adherirse a la Sociedad Teosófica para formar parte de la Iglesia Católica Liberal; en ésta, no se enseñan abiertamente las doctrinas teosofistas, pero se preparan los espíritus para aceptarlas. La liturgia misma ha sido bastante hábilmente modificada en este sentido: se han deslizado en ella una masa de alusiones poco comprensibles para el gran público, pero muy claras para los que conocen las teorías en cuestión. Cosa que merece particularmente ser señalada aquí, el culto del Sagrado Corazón es utilizado de la misma manera, como estando en estrecha relación con la venida del nuevo Mesías: se pretende que: "el Reino del Sagrado Corazón será el del Espíritu del Señor Maitreya, y, anunciándolo, no se hace otra cosa que decir bajo una forma velada que su advenimiento entre los hombres está próximo". Esta información, que nos ha venido de España, nos muestra una desviación que hay que parangonar con las falsificaciones del Sagrado Corazón de las que ya se ha tratado anteriormente; los amigos de *Regnabit* no dudaban ciertamente de que aquellos trabajan directamente, aunque de manera disimulada, ¡para preparar el advenimiento del Mesías teosofista!

Pero hay algo mejor: no es solamente la liturgia, es ahora el Evangelio mismo el que es alterado, y ello so pretexto de retorno al "Cristianismo primitivo". Se pone en circulación, a este efecto, un pretendido *Evangelio de los Doce Santos*; este título nos había hecho suponer primero que se trataba de algún Evangelio apócrifo, como existen bastantes; pero no hemos tardado mucho en darnos cuenta de que se trataba de una simple mistificación. Ese pretendido Evangelio, escrito en arameo, habría sido conservado en un monasterio búdico del Tíbet, y su traducción inglesa habría sido transmitida "mentalmente" a un sacerdote anglicano, M. Ouseley, que la publicó seguidamente. Se nos dice además que el pobre hombre estaba por entonces: "anciano, sordo, físicamente debilitado; su vista era de las peores y su mentalidad estaba disminuida; estaba más o menos roto por la edad"[176]; ¿no es eso confesar que su estado le predisponía a jugar en este asunto un papel de engañado? Pasamos sobre la historia fantástica que se cuenta para explicar el origen de esta traducción, que

---

[176] *Le Christianisme primitif dans l'Evangile des Douze Saints*, por E. F. Udny, sacerdote de la Iglesia Católica Liberal; traducción francesa, p. 26.

sería obra de un "Maestro" que fue antaño el célebre filósofo Francis Bacon, después conocido en el siglo XVIII como el enigmático conde de Saint-Germain. Lo que es más interesante es saber cuáles son las enseñanzas especiales contenidas en el Evangelio en cuestión y que se dice ser: "una parte esencial del Cristianismo original, cuya ausencia ha tristemente empobrecido y empobrecido esta religión"[177]. Ahora bien, tales enseñanzas se remiten a dos: la doctrina teosofista de la reencarnación y la prescripción del régimen vegetariano y antialcohólico caro a cierto "moralismo" anglosajón; he aquí que se quieren introducir en el Cristianismo, incluso pretendiendo que esas mismas enseñanzas se encontraban también antaño en los Evangelios canónicos, que han sido suprimidos hacia el siglo IV, y que el *Evangelio de los Doce Santos* es el único que ha escapado a la corrupción general". A decir verdad, la superchería es bastante grosera, pero desgraciadamente hay todavía demasiados que se dejarán atrapar en ella; haría falta conocer mal la mentalidad de nuestra época para persuadirse de que una cosa de este género no tendrá ningún éxito.

Se nos hace además prever una empresa de la mayor envergadura: "El autor, se dice en el librito destinado a presentar el Evangelio supuestamente "reencontrado", tiene motivos para creer que una Biblia nueva y mejor será, en poco, puesta a nuestra disposición, y que la Iglesia Católica Liberal la adoptará probablemente; pero él es el único responsable de esta opinión, no habiendo sido autorizado por la Iglesia para afirmarlo. Para que la cuestión pudiese plantearse, era naturalmente preciso que la Biblia mejor haya aparecido"[178]. Ello no es todavía más que una simple sugestión, pero es fácil comprender lo que quiere decir; la falsificación va a ser extendida al conjunto de los

---

[177] *Ibidem*, p.4.

[178] *Ibidem*, p. 41.

Libros santos; henos aquí pues prevenidos, y, cada vez que se anuncie el descubrimiento de algún manuscrito conteniendo textos bíblicos o evangélicos hasta ahora conocidos, sabremos que conviene desconfiar más que nuca.

Parece que entremos en un período donde será particularmente difícil "distinguir la cizaña del buen grano; ¿Cómo vendrá a hacerse ese discernimiento, si no es examinando todas las cosas a la luz del Sagrado Corazón, "en quien están todos los tesoros de la sabiduría y de la ciencia? En el libro que hemos mencionado, evocábamos, a propósito de las empresas mesiánicas de los teosofistas, esta palabra del Evangelio: "Se levantarán falsos cristos y falsos profetas, que harán grandes prodigios y cosas sorprendentes, hasta seducir, si fuera posible, a los mismos elegidos"[179]. No estamos todavía en eso, pero lo que hemos visto hasta aquí no es sin duda más que un comienzo y como un encaminarse hacia eventos más graves; sin querer arriesgar ninguna predicción, se puede muy bien decir que, según todo tipo de indicios, lo que se prepara actualmente es muy poco tranquilizador, y ello en todos los dominios. En el desorden actual, los teosofistas no hacen sin duda más que jugar su papel, como muchos otros, de una manera más o menos inconsciente; pero, tras todos esos movimientos, que lanzan la turbación en los espíritus, puede haber algo mucho más terrible, que sus jefes mismos no conocen, y de lo cual no son por tanto más que simples instrumentos en realidad. En todo caso, hay ahí, incluso para el presente, un peligro muy real y que sería equivocado no querer ver. Hemos creído bueno denunciarlo una vez más, y no será quizá la última, pues es de prever que la propaganda insinuante de la que estamos tratando, tendrá aún otras manifestaciones.

P. S.- En un artículo titulado *Sem y Jafet*, aparecido en la revista

---

[179] *San Mateo*, XIX, 24.

Europe (noviembre de 1926), M. François Bonjean ha escrito esto:"Hecho significativo, es en el corazón y no en el cerebro, donde la doctrina cosmológica de los más antiguos textos arios emplazan la sede, o más bien el emblema de la inteligencia pura, de la que comprende las verdades trascendentales como la oreja entiende, y es a esta intuición inmediata... a la que da el primer rango entre las cualidades sensibles". Parece que haya al final de este pasaje un lapsus, quizá debido a una simple omisión tipográfica, y que haya que leer "Es a esta intuición inmediata a la que da el primer rango entre las facultades, como lo da al sonido entre las cualidades sensibles". Hemos ya hablado precisamente de esta doctrina hindú de la primordialidad del sonido en nuestro artículo *A propósito del Pez*, (febrero de 1927); y, en cuanto a la relación del corazón con la inteligencia intuitiva, la hemos ya expuesto aquí en varias ocasiones. Parece que ciertas verdades olvidadas comienzan a volver a la luz, señalaremos siempre con placer los indicios de ello, por todas partes donde los encontremos; hay ahí, muy felizmente una contrapartida a la invasión de ese desorden mental del que acabamos de señalar algunos síntomas inquietantes.

Capítulo XIX

EL CENTRO DEL MUNDO EN LAS DOCTRINAS EXTREMO-ORIENTALES

Publicado en Regnabit, mayo de 1927.
No retomado en otra compilación póstuma.

Hemos ya tenido, en el curso de nuestros estudios precedentes, la ocasión de hacer alusión, a propósito de los símbolos del Centro, a las doctrinas tradicionales del Extremo Oriente, y más especialmente al Taoísmo, que es su parte propiamente metafísica, mientras que el Confucianismo, mucho más generalmente conocido, concierne únicamente a las aplicaciones de orden social[180]. Esta división de la doctrina en dos ramas claramente separadas, una interior, reservada a una élite bastante restringida, y otra exterior, común a todos sin distinción, es uno de los rasgos característicos de la civilización china, al menos desde el siglo VI antes de la era cristiana, época en la cual, de una readaptación a condiciones nuevas de la tradición anterior, nacieron a la vez esas dos formas doctrinales que se designan ordinariamente con los nombres de Taoísmo y de Confucianismo. Incluso en el Confucianismo, la idea del Centro desempeña una función que está lejos de ser desdeñable: en efecto, se hace referencia frecuentemente al Invariable Medio (*tchoung-young*), que es el lugar del equilibrio perfecto, y, al mismo

---

[180] Véase L'Omphalos, symbole du Centre, junio de 1926.

tiempo, el punto donde se refleja directamente la Actividad del Cielo; hay que destacar además que no es precisamente del Centro universal de lo que se trata en tal caso, al estar el punto de vista del Confucianismo limitado a un orden contingente; este "invariable Medio" es propiamente el punto de encuentro del Eje del Mundo (según cuya dirección se ejerce la "Actividad del Cielo") con el dominio de las posibilidades humanas; en otros términos, es solamente el centro del estado humano, que no es sino una imagen reflejada del Centro universal. Este centro del dominio humano, en suma, no es otra cosa que el Paraíso terrestre, o el estado que a éste corresponde, lo que se puede denominar el "estado edénico"; y la tradición extremo-oriental otorga precisamente una importancia considerable al estado primordial, otra designación equivalente. Por otro lado, este mismo término, en cierto aspecto, puede ser considerado como identificado virtualmente o efectivamente según los casos, al Centro del Mundo, entendido en el sentido universal; pero esto exige una transposición que sobrepasa el punto de vista del Confucianismo.

Para el Taoísmo, al contrario, en razón de su carácter puramente metafísico, es del Centro universal de lo que se trata en todo momento; también es a esta doctrina a la que vamos ahora a referirnos de manera casi exclusiva.

Uno de los símbolos más frecuentemente empleados por el Taoísmo, tanto como por muchas otras doctrinas tradicionales, es el de la rueda cósmica, cuyo movimiento es la figura del cambio continuo al cual están sometidas todas las cosas manifestadas[181]. La circunferencia gira alrededor de su centro único que no participa en esta rotación, sino que permanece fijo e inmutable, símbolo de la

---

[181] Véase *L'idée du Centre dans les traditions antiques*, mayo de 1926. - La figura octogonal de los ocho *kua* o trigramas de Fo-hi, que es uno de los símbolos fundamentales de la tradición extremo-oriental, equivale en ciertos aspectos a la rueda de ocho radios, así como al loto de ocho pétalos.

inmutabilidad absoluta del Principio, el equilibrio del cual, tal como lo considera el Confucianismo, es su reflejo en el orden de la manifestación. Este centro es el equivalente del motor inmóvil de Aristóteles; él dirige todas las cosas por su actividad no-actuante (*wei wou-wei*), que, bien que no manifestado, o más bien porque no manifestado, es en realidad la plenitud de la actividad, puesto que es la del Principio de la cual son derivadas todas las actividades particulares. Es lo que Lao-Tsé expresa en estos términos: El Principio es siempre no actuante, y sin embargo, todo es hecho por él[182].

El sabio perfecto, según la doctrina taoísta, es aquel que ha arribado al punto central y que allí permanece en unión indisoluble con el Principio, participando de su inmutabilidad e imitando su actividad no-actuante. Aquel que ha llegado al máximo de vacío, dice Lao-Tsé, será fijado sólidamente en el reposo... Retornar a su raíz (es decir, al Principio, a la vez origen primero y último de todos los seres[183], es entrar en el estado de reposo[184]. Aquello de que aquí se trata es el desapego completo respecto a todas las cosas manifestadas, transitorias y contingentes, desapego por el cual el ser escapa a las vicisitudes de la corriente de las formas, a la alternancia de los estados de vida y de muerte, de condensación y de disipación (Aristóteles, en un sentido semejante, dice generación y corrupción), pasando de la circunferencia de la rueda cósmica a su centro, que es designado él mismo como el vacío, (lo no-manifestado) que une los radios y con ellos hace una

---

[182] *Tao-te-king*, capítulo XXXVII.

[183] La palabra *Tao*, literalmente Vía, que designa al Principio (y se recordará aquí que Cristo ha dicho: Yo soy la Vía) es representada por un carácter ideográfico que reúne los signos de la cabeza y de los pies, lo que equivale al símbolo del alfa y la omega.

[184] *Tao-te-king*, capítulo XVI.

rueda[185]. La paz en el vacío, dice Lie-Tseu, es un estado indefinible, no se toma ni se da; se llega a establecerse en él[186]. A aquel que permanece en lo no manifestado, todos los seres se manifiestan... Unido al Principio, está en armonía, por él, con todos lo seres. Unido al Principio, conoce todo por las razones generales superiores, y no usa ya, por lo tanto, de sus diversos sentidos, para conocer en particular y en detalle. La verdadera razón de las cosas es invisible, inaprehensible, indefinible, indeterminable. Sólo el espíritu restablecido en el estado de simplicidad perfecta, puede alcanzarlo en la contemplación profunda[187]. Se ve aquí la diferencia que separa el conocimiento trascendente del sabio del saber ordinario o profano; y la última frase debe muy naturalmente recordar esta palabra del Evangelio: Quien no reciba el Reino de Dios como un niño, no entrará en él[188]. Por lo demás, las alusiones a esta simplicidad, considerada como característica del estado primordial, no son raras en el Taoísmo; e igualmente, en las doctrinas hindúes, el estado de infancia (en sánscrito *bâlya*), entendido en el sentido espiritual, es considerado como una condición previa para la adquisición del conocimiento por excelencia.

Emplazado en el centro de la rueda cósmica, el sabio perfecto la mueve invisiblemente[189], por su sola presencia, y sin tener que

---

[185] Tao-te-king, capítulo XI. - Cf. L'Omphalos, symbole du Centre, junio de 1926.

[186] *Lie-Tséu*, cap. I.-Citamos los textos de Lie-Tseu y de Chuang Tsé según la traducción del R. P. Léon Wieger, S. J.

[187] *Lie-Tséu*, cap. IV.

[188] *San Lucas*, XVIII, 17. - Cf. también *San Mateo*, XI, 25: "Mientras que habéis ocultado estas cosas a los sabios y a los prudentes, las habéis revelado a lo simples y a los pequeños".

[189] La misma idea es expresada por otra parte, en la tradición hindú, por el término *Chakravartî*, literalmente, aquel que hace girar la rueda. V. También lo que al respecto hemos dicho anteriormente sobre la esvástica como "signo del Polo" (*La idea del Centro en las tradiciones*

preocuparse de ejercer una acción cualquiera; su desapego absoluto le vuelve dueño de todas las cosas, porque no puede ya ser afectado por nada. Él ha alcanzado la impasibilidad perfecta; la vida y la muerte le son igualmente indiferentes, el hundimiento del Universo no le causaría ninguna emoción. A fuerza de escrutar, ha llegado a la verdad inmutable, el conocimiento del Principio universal único; él deja evolucionar a los seres según sus destinos, y se mantiene en el centro inmóvil de todos los destinos[190]... El signo exterior de este estado interior, es la imperturbabilidad; no la del bravo que se arroja solo, por amor de la gloria, sobre un ejército preparado a la batalla; sino la del espíritu que, superior al cielo, a la tierra, a todos los seres[191], habita en un cuerpo al cual no se atiene, no hace ningún caso de las imágenes que sus sentidos le proporcionan, conoce todo por conocimiento global en su unidad inmóvil. Este espíritu absolutamente independiente es dueño de los hombres; si le place convocarlos en masa, en el día fijado todos acudirían; pero él no quiere hacerse servir[192]. La independencia de aquel que, desprendido de todas las cosas contingentes, ha llegado al conocimiento de la verdad inmutable, es igualmente afirmada en el Evangelio: Conoceréis la verdad, y la verdad os hará libres[193]; y se podría también, por otra parte, hacer una comparación entre lo que precede y esta otra palabra evangélica: Buscad primero el reino de Dios y su justicia y todo el resto se os dará

---

antiguas, mayo de 1926, páginas 482-485).

[190] Según el comentario tradicional de Chuang-Tsé sobre el *Yi King*, la palabra destino designa la verdadera razón de ser de las cosas; el centro de todos los destinos, es pues el Principio en tanto que todos los seres tienen en él su razón suficiente.

[191] El Principio o el Centro, en efecto, es antes de toda distinción y comprendida la del cielo y la tierra, que representa la primera dualidad.

[192] *Chuang-Tsé*, cap. V.

[193] *San Juan*, VIII, 32.

por añadidura[194].

En el punto central, todas las distinciones inherentes a los puntos de vista exteriores son sobrepasadas; todas las oposiciones han desaparecido y son resueltas en un perfecto equilibrio. En el estado primordial, esas oposiciones no existían. Todas son derivadas de la diversificación de los seres (inherente a la manifestación y contingente como ella), y de sus contactos causados por el giro universal. Ellas cesarían si la diversidad y el movimiento cesaran. Ellas cesan de golpe de afectar al ser que ha reducido su yo distinto y su movimiento particular a casi nada[195]. Este ser no entra ya en conflicto con ningún ser, porque está establecido en lo infinito, borrado en lo indefinido. Él ha llegado y se mantiene en el punto de partida de las transformaciones, punto neutro donde no hay conflictos. Por concentración de su naturaleza, por alimentación de su espíritu vital, por reunión de todas sus potencias, él se ha unido al principio de todas las génesis. Estando entera su naturaleza, estando intacto su espíritu vital, ningún ser podría herirle[196]. El punto neutro donde todos los contrastes y todas las antinomias se resuelven en la unidad primera, es el lugar central que ciertas escuelas de esoterismo musulmán llaman estación divina (*maqâmul-ilahi*), y que ellas representan como la intersección de las ramas de la cruz, según un simbolismo al cual

---

[194] *San Mateo*, VI, 33; *San Lucas*, XII, 31. Hay que recordar aquí la estrecha relación existente entre la idea de Justicia y las de equilibrio y armonía (*La idea del Centro en las tradiciones antiguas*, mayo de 1926, página 481).

[195] Esta reducción del "yo distinto" es lo mismo que el vació del que antes se ha tratado; además es manifiesto según el simbolismo de la rueda, que el "movimiento de un ser es tanto más reducido cuanto más próximo está ese ser al centro.

[196] La última frase se relaciona aún con las condiciones del "estado primordial": es la inmortalidad del hombre antes de la caída recobrada por aquel que retornado al "Centro del Mundo", se alimenta en el "Arbol de Vida".

hemos ya hecho algunas alusiones[197].

Ese punto central y primordial es igualmente idéntico al Santo Palacio o Palacio interior de la Kábala hebrea, que está en el centro de las seis direcciones del espacio, las cuales, por otro lado, forman también una cruz de tres dimensiones[198]. En sí mismo, ese punto no está situado, pues es absolutamente independiente del espacio, que no es más que el resultado de su expansión o de su desarrollo indefinido en todos los sentidos, y que, por consiguiente, procede enteramente de él: Transportémonos en espíritu, fuera de este mundo de las dimensiones y de las localizaciones, y no habrá ya lugar para querer situar el Principio[199].

Pero, estando realizado el espacio, el punto primordial, aunque permaneciendo siempre esencialmente no localizado, se hace el centro de este espacio (es decir, transponiendo ese simbolismo, el centro de toda la manifestación universal); de él parten las seis direcciones (que, oponiéndose dos a dos, representan todos los contrarios, y también a él retornan, por el movimiento alternativo de expansión y de contracción que constituye las dos fases complementarias de toda manifestación[200]. La segunda de esas fases, el movimiento de retorno al origen, que marca la vía seguida por el sabio para llegar a la unión con el Principio: concentración de su naturaleza, la reunión de todas sus potencias, en el texto que citábamos hace un momento, lo indican tan claramente como es posible; y la simplicidad de la que ya se ha

---

[197] La idea del Centro en las tradiciones antiguas, mayo de 1926, página 481; Corazón y Cerebro, enero de 1927, p. 157.

[198] Véase El Corazón del Mundo en la Kábala hebraica, julio-agosto de 1926.

[199] *Chuang-Tsé*, capítulo XXII.

[200] Véase L'Idée du Centre dans les traditions antiques, mayo de 1926, p. 485.

tratado corresponde a la unidad sin dimensiones del punto primordial. El hombre absolutamente simple ablanda por esta simplicidad a todos los seres... si bien nada se opone a él en las seis direcciones del espacio, nada le es hostil, el fuego y el agua no le hieren[201]. en efecto, él se mantiene en el centro, del cual las seis direcciones han surgido por irradiación, y de donde ellas vienen, en el movimiento de retorno, a neutralizarse dos a dos, de suerte que, en ese punto único, su triple oposición cesa enteramente, y que nada de lo que de ahí resulta o se localiza, no puede alcanzar al ser que permanece en la unidad inmutable. Éste, no oponiéndose a nada, nada podría oponerse a él, pues la oposición es necesariamente una relación recíproca, que exige dos términos en presencia, y que, consecuentemente, es incompatible con la unidad *principial*; y la hostilidad, que no es más que una consecuencia o una manifestación exterior de la oposición, no puede existir con respecto a un ser que está fuera y más allá de toda oposición. El fuego y el agua, que son el tipo de los contrarios en el mundo elemental, no pueden herirle, pues, a decir verdad, no existen incluso ya para él en tanto que contrarios, habiendo retornado, equilibrándose y neutralizándose el uno al otro por la reunión de sus cualidades complementarias, en la indiferenciación del éter primordial.

Para aquel que se mantiene en el centro, todo está unificado, pues él ve todas las cosas en la unidad del Principio; todos los puntos de vista particulares (o, si se quiere, particularistas) y analíticos, que no están fundados más que sobre distinciones contingentes, y de los cuales nacen todas las divergencias de las opiniones individuales, han desparecido para él reabsorbidos en la síntesis total del conocimiento trascendente, adecuada a la verdad una e inmutable. Su punto de vista, es un punto de vista donde esto y eso, sí y no aparecen aún no

---

[201] *Lie-tseu*, cap. II.

distinguidos. Este punto es el pivote de la norma; es el centro inmóvil de una circunferencia sobre el contorno de la cual ruedan todas las contingencias, las distinciones y las individualidades; de donde no se ve más que un infinito, que no es ni esto ni aquello, ni sí ni no. Ver todo en la unidad primordial aún no diferenciada, o con una distancia tal que todo se funde en uno, he ahí la verdadera inteligencia"[202]; El pivote de la norma, es lo que casi todas las tradiciones llaman el Polo[203], es decir, el punto fijo alrededor del cual se cumplen las revoluciones del mundo, según la norma o la ley que rige toda manifestación, y que no es ella misma más que la manifestación directa del centro, la expresión de la "Voluntad del Cielo" en el orden cósmico"[204].

Se observará que hay ahí, formulada de una manera particularmente explícita en el último texto que acabamos de citar, una imagen mucho más justa que aquella de la que se ha servido Pascal cuando ha hablado de una esfera cuyo centro está por todas partes y su circunferencia en ninguna. A primera vista, se podría casi creer que las dos imágenes son comparables, pero, en realidad, son exactamente inversas una de la otra. Pascal. En efecto, se ha dejado aquí arrastrar por su imaginación de geómetra, que le ha impulsado a invertir las verdaderas relaciones, tal como deben considerarse desde el punto de

---

[202] *Chuang- Tsé*, cap. 11.

[203] La Gran Unidad (*Tai-i*) es representada como residiendo en la estrella polar, que es llamada *Tien-ki*, es decir, literalmente hecha de cielo.

[204] La Rectitud, (*Te*), cuyo nombre evoca la idea del "Eje del Mundo", es en la doctrina de Lao-Tsé lo que se podría llamar una especificación de la Vía (*Tao*) con relación a un ser o a un estado de existencia determinado: es la dirección que este ser debe seguir para que su existencia sea según la Vía; o, en otros términos, en conformidad con el Principio (dirección tomada en el sentido ascendente, mientras que en el sentido descendente esta misma dirección es la de la Actividad del Cielo. Esto puede compararse con lo que antes hemos indicado con respecto al significado simbólico de la orientación ritual.

vista metafísico. Es el centro el que propiamente no está en ningún lugar de la manifestación, siendo absolutamente trascendente con relación a ésta, aun siendo interior a todas las cosas. Está más allá de todo lo que puede ser alcanzado por los sentidos y por las facultades que proceden del orden sensible. El Principio no puede ser alcanzado ni por la vista ni por el oído.... el Principio no puede ser entendido; lo que se entiende, no es él; ... El Principio no pudiendo ser imaginado, no puede ser descrito[205]. Todo lo que puede ser visto, entendido, imaginado, enunciado o descrito, pertenece necesariamente a la manifestación; es pues en realidad la circunferencia la que está por todas partes, puesto que todos los lugares del espacio, o, más generalmente, todas las cosas manifestadas (no siendo el espacio aquí más que un símbolo de la manifestación universal), todas las contingencias, las distinciones y las individualidades, no son más que elementos de la corriente de las formas, puntos de la circunferencia de la rueda cósmica.

Nos hemos limitado a reproducir y a explicar algunos textos escogidos entre muchos otros del mismo género, y tomados sobre todo de los grandes comentadores taoístas del siglo IV antes de nuestra era, Lie-Tséu y Chuang-Tsé. El orientalista G. Pauthier que, sin haber penetrado hasta el sentido profundo de las doctrinas tradicionales, había al menos entrevista más cosas que muchos de los que han venido después, llamaba al Taoísmo un Cristianismo primitivo; no era ello sin razón, y las consideraciones que hemos expuesto ayudarán quizás a comprenderlo. Se podrá, especialmente, reconocer que existe una concordancia de las más llamativas entre el Vacío del sabio que, manteniéndose en el Centro del mundo, unido al Principio, allí permanece en la paz, sustraído a todas las vicisitudes el mundo

---

[205] *Chuang- Tsé*, cap. XXII. Véase el *post scriptum* de nuestro artículo de marzo de 1927, páginas 350-351.

exterior, y la idea del "hábitat espiritual" en el Corazón de Cristo, de la cual ya se ha hablado aquí en diversas ocasiones[206]. Tal es todavía una prueba de la armonía de las tradiciones antiguas con el Cristianismo, armonía que, para nosotros encuentra precisamente su fuente y su explicación en el Centro del Mundo, queremos decir en el Paraíso terrestre: como los cuatro ríos han surgido de la fuente única que está al pie del Arbol de Vida, así todas las grandes corrientes tradicionales son derivadas de la Revelación primitiva.

---

[206] A propósito de esta cuestión, hemos todavía tomado nota últimamente de una referencia interesante: en las *Révélations de l'Amour divin* a *Julienne de Norwich, recluse du XIV siécle*, de las cuales una traducción francesa acaba de publicarse por Dom G. Meunier, la décima revelación muestra toda la porción del género humano que será salvada, emplazada en el divino Corazón traspasado por la lanza.

Lista cronológica de los artículos de René Guénon

Aparecidos en *Regnabit*, con indicación de su reutilización

(1). 1925, agosto-septiembre: "Le Sacré-Coeur et la légende du Saint Graal". Este artículo ha sido reproducido en *Aperçus sur l'ésotérisme chrétien* [París, Les Éditions Traditionnelles, 1954), cap. IX, pero sin el *addendum* aparecido en diciembre de 1925. Reproducido también en *Symboles de la Science Sacrée* con el *addendum* incluido.

(2). 1925, noviembre: "Le Chrisme et le Coeur dans les anciennes marques corporatives". Recopilado en *Etudes sur la Franc-Maçonnerie et le Compagnonnage II*. Con este texto se relaciona un *post scriptum* del artículo de enero de 1926. El autor ha retomado el tema en dos artículos recopilados en *Symboles de la Science Sacrée*: "Les Symboles de l'analogie", enero de 1939 (cap. L) y "Le quatre de chiffre'", junio de 1948, (cap. LVII).

(3). 1925, diciembre: "A propos de quelques symboles herméticoreligieux". No retomado en otras recopilaciones póstumas. El parágrafo final de este artículo debe considerarse un complemento del de agosto-setiembre de 1925. Los temas tratados en este lugar han sido retomados por el autor en el estudio "Quelques aspects du symbolisme de Janus", aparecido en "Voile d´Isis", julio de 1929, cap. XVIII de *Symboles de la Science Sacrée*.

(4). 1926, enero: "Le Verbe et le symbole". Forma el capítulo II de *Symboles de la Science Sacrée* sin el *post scriptum* de una página que se refiere al artículo de noviembre de 1925.

(5). 1926, febrero: "A propos des signes corporatifs et de leur sens originel". Recopilado póstumamente en *Etudes sur la Frac-Maçonnerie et le Compagnonnage II*. La materia de este artículo ha sido igualmente utilizada en "Quelques aspects du symbolisme de Janus", cap. XVIII de *Symboles de la Science Sacrée*.

(6). 1926, marzo: "Les Arbres du Paradis". No retomado en otras recopilaciones póstumas. A este artículo se agrega un *post scriptum* de una página referido al articulo de diciembre de 1925. Tema retomado con nuevos desarrollos en Le *Symbolisme de la Croix*, 1931, capítulos IX ("L'Arbre du Milieu") y XXV ("L'arbre et le serpent").

(7). 1926, abril: "Le Coeur rayonnant et le Coeur enflammé". No retomado en otras recopilaciones póstumas, si bien un artículo de igual título publicado en "Etudes Traditionnelles", junio-julio de 1946 y que es una reelaboración, se publicó luego en *Symboles de la Science Sacrée*, capítulo LXIX. A este texto hace referencia un *post scriptum* que apareció en el artículo sobre el *Omphalos* de junio de 1926.

(8). 1926, mayo: "L'Idée du Centre dans les traditions antiques". Retomado también en *Symboles de la Science Sacrée*, cap. VIII, aligerado de notas. Tema retomado en varias partes de *Le Roi du Monde*, 1927; algunos puntos retomados más tarde en *Le Symbolisme de la Croix*, 1931 y *La Grande Triade*, 1946.

(9). 1926, junio: "La Réforme de la mentalité moderne". Retomado en *Symboles de la Science Sacrée*, cap. I. Texto de una comunicación efectuada en la jornada de estudios del 6 de mayo de 1926 organizada por la "Société du Rayonnement intellectuel du Sacré-Coeur", de la cual *Regnabit* era el órgano.

(10). 1926, junio: "L'*Omphalos, symbole du Centre*". Texto no recopilado, si bien está incorporado en buena parte a *Le Roi du Monde*, cap. IX. Un *post scriptum* se refiere al artículo de abril de 1926.

(11). 1926, julio-agosto: "Le Coeur du Monde dans la Kabbale hébraique". No retomado en otra recopilacióm póstuma. Tema retomado en *Le Roi du Monde*, cap. III, así como en *Le Symbolisme de la Croix*, cap. IV ("Les directions de l'espace") y VII ("La résolution des oppositions").

(12). 1926, septiembre-octubre: "La Terre Sainte et le Coeur du monde". No retomado en otras recopilaciones. Algunos puntos de este artículo fueron retomados en *Le Roi du Monde* (especialmente capítulos III y IV), pero la mayor parte fue incluida en el artículo "Les Gardiens de la Terre Sainte", publicado en "Le Voile d'Isis", agosto-setiembre de 1929, recopilado en *Symboles de la Science Sacrée*, cap. XI.

(13). 1926, noviembre: "Considérations sur le Symbolisme" I: "Mythes et symboles". No retomado tal cual en otra recopilación póstuma. A este estudio se añade un *post scriptum* de una página al artículo de marzo de 1927. Texto retomado por el autor, con nuevos desarrollos, en *Aperçus sur l'Initiation"*, cap. XVII ("Mythes, mystéres et symboles").

(14). 1926, diciembre: "Considérations sur le Symbolisme" II: Symbolisme et philosophie". No retomado tal cual en otra recopilación posterior. Un *post scriptum* de este artículo complementa el artículo de marzo de 1926. Texto retomado por el autor, con nuevos desarrollos, en *Aperçus sur l'Initiation*, cap. XVIII, con igual título.

(15). 1927, enero: "Coeur et Cerveau". Cap. LXX de *Symboles de la Science Sacrée*.

(16). 1927, febrero: "A propos du Poisson". No retomado en otra recopilación póstuma. Sirve de complemento a este texto un *post scriptum* de media página aoarecido en el artículo de abril de 1927. El artículo "Quelques aspects du symbolisme du poisson", publicado en "Etudes Traditionnelles", febrero de 1936, es una reelaboración del presente y está recopilado como cap. XXII de *Symboles de la Science Sacrée*.

(17). 1927, marzo: "L'Embléme du Sacré-Coeur dans une société secréte américaine". Recopilado en *Symboles de la Science Sacrée*, cap. LXXI. Un *post scriptum*, de una página, se refiere al artículo de noviembre de 1926.

(18). 1927, abril: "Une contrefaçon du catholicisme". No retomado en recopilación posterior.

(19). 1927, mayo: "Le Centre du Monde dans les doctrines extrémeorientales". No retomado en otra recopilación póstuma. Tema retomado por el autor en *Le Symbolisme de la Croix*, cap. VII ("La résolution des oppositions") y XXIX ("Le Centre et la circonférence").

René Guénon

Otros libros de René Guénon

Omnia Veritas Ltd presenta:

RENÉ GUÉNON

EL ERROR ESPIRITISTA

En nuestra época hay muchas otras "contraverdades" que es bueno combatir...

Entre todas las doctrinas "neoespiritualistas", el espiritismo es ciertamente la más extendida

Ⓞmnia Veritas

Omnia Veritas Ltd presenta:

RENÉ GUÉNON

EL REINO DE LA CANTIDAD Y LOS SIGNOS DE LOS TIEMPOS

« Porque todo lo que existe de alguna manera, incluso el error, necesariamente tiene su razón de ser »

... y el desorden en sí mismo debe encontrar su lugar entre los elementos del orden universal

Ⓞmnia Veritas

Omnia Veritas Ltd presenta:

RENÉ GUÉNON

APERCEPCIONES SOBRE LA INICIACIÓN

«A menudo nos concentramos en los errores y confusiones que se hacen sobre la iniciación...»

Somos conscientes del grado de degeneración al que ha llegado el Occidente moderno ...

OMNIA VERITAS LTD PRESENTA:

RENÉ GUÉNON

EL TEOSOFISMO

HISTORIA DE UNA SEUDORELIGIÓN

"Nuestra meta, decía entonces Mme Blavatsky, no es restaurar el hinduismo, sino barrer al cristianismo de la faz de la tierra"

El término teosofía sirvió como una denominación común para una variedad de doctrinas

Omnia Veritas Ltd presenta:

RENÉ GUÉNON

INICIACIÓN

Y

REALIZACIÓN ESPIRITUAL

« Necedad e ignorancia pueden reunirse en suma bajo el nombre común de incomprensión »

La gente es como un "reservorio" desde el cual se puede disparar todo, lo mejor y lo peor

OMNIA VERITAS LTD PRESENTA:

RENÉ GUÉNON

INTRODUCCIÓN GENERAL
AL ESTUDIO DE
LAS DOCTRINAS HINDÚES

« Muchas dificultades se oponen, en Occidente, a un estudio serio y profundo de las doctrinas orientales »

... este último elemento que ninguna erudición jamás permitirá penetrar

Omnia Veritas Ltd presenta:

RENÉ GUÉNON

LA CRISIS DEL MUNDO MODERNO

«Parece por lo demás que nos acercamos al desenlace, y es lo que hace más posible hoy que nunca el carácter anormal de este estado de cosas que dura desde hace ya algunos siglos»

Una transformación más o menos profunda es inminente

Omnia Veritas Ltd presenta:

RENÉ GUÉNON

LA GRAN TRÍADA

«En todo ternario tradicional, cualesquiera que sea, se quiere encontrar un equivalente más o menos exacto de la Trinidad cristiana»

se trata muy evidentemente de un conjunto de tres aspectos divinos

Omnia Veritas Ltd presenta:

RENÉ GUÉNON

APERCEPCIONES SOBRE LA INICIACIÓN

«A menudo nos concentramos en los errores y confusiones que se hacen sobre la iniciación...»

Somos conscientes del grado de degeneración al que ha llegado el Occidente moderno...

«Según la significación etimológica del término que le designa, el Infinito es lo que no tiene límites»

La noción del Infinito metafísico en sus relaciones con la Posibilidad universal

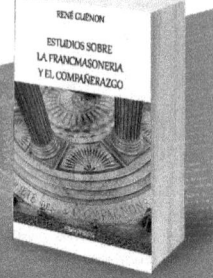

Omnia Veritas Ltd presenta:

RENÉ GUÉNON

ESTUDIOS SOBRE LA FRANCMASONERIA Y EL COMPAÑERAZGO

«Entre los símbolos usados en la Edad Media, además de aquellos de los cuales los Masones modernos han conservado el recuerdo aun no comprendiendo ya apenas su significado, hay muchos otros de los que ellos no tienen la menor idea.»

la distinción entre "Masonería operativa" y "Masonería especulativa"

OMNIA VERITAS LTD PRESENTA:

RENÉ GUÉNON

SÍMBOLOS DE LA CIENCIA SAGRADA

« Este desarrollo material ha sido acompañado de una regresión intelectual, que ese desarrollo es harto incapaz de compensar »

¿Qué importa la verdad en un mundo cuyas aspiraciones son únicamente materiales y sentimentales?

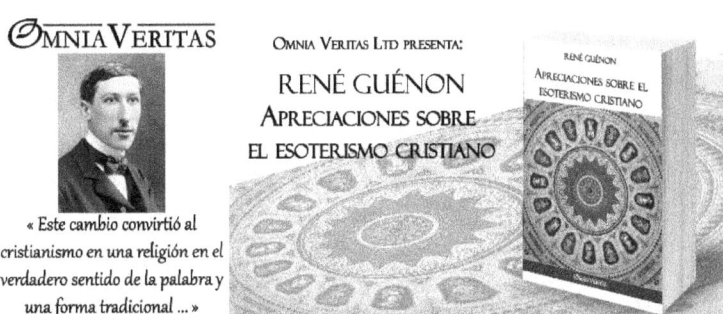

www.omnia-veritas.com

www.ingramcontent.com/pod-product-compliance
Lightning Source LLC
Chambersburg PA
CBHW071418160426
43195CB00013B/1737